もう一度、プロ野球選手になる。

新庄剛志

思い立ったら、すぐにやる。
思いついたことを、すべてやる。
そう、ぼくは自分の気持ちに素直に生きているんだ。

「やる」と決めたら、
意外となんとかなるもの。

挑戦する姿を見せることで、
みんなの勇気になりたいんだ。

DICKIES

答えが出るときより、そこに向かっているときが、
いちばん楽しかったりするんだから。

BIEN
BIEN

もう一度、プロ野球選手になる。

プロローグ

すべてはインスタから始まった
～47歳のプロ野球現役復帰宣言～

2019年11月12日。この日、ぼくの新しい人生が始まった。
朝、目をさましたぼくは、すぐさま外に飛びだした。
そしてインスタグラムを通じて、みんなにメッセージを送った。

みんな、夢はあるかい？
1%の可能性があれば、必ずできる。
今日からトレーニングを始めて、
もう一回、プロ野球選手になろうと思います。
みんなも、なにか挑戦しようぜ！

いきなりのプロ野球現役復帰宣言、そのきっかけはインスタだった。

1ヵ月前の10月、なにか始めたいと思ったぼくは、インスタをやりはじめた。

ぼくはSNSのことは、ほとんどわからない。でも、こういうものが流行っていると知って興味を持った。

それから現地の知人に教えてもらいながら、バリ島での日常を投稿するようになった。

インスタにハマるまで、ほとんど時間はかからなかった。日に日に投稿の数が増えていく。勢いがついてしまったのは、思っていた以上の反響があったからだ。


ぼくはかつてプロ野球選手だった。でも、それは2006年までのこと。

引退してからは、プロ野球界とほとんど関わっていない。

監督やコーチはやっていないし、解説もしていない。

新しい人が次々と出てくるこの世界では、もうすでに過去の人だ。

しかも2010年からバリ島で暮らしはじめて、人前に出るような仕事はほとんどしていない。

だからファンのみんなは、ぼくのことなんかすっかり忘れていると思っていた。

ところがインスタを始めた途端、すごい勢いでフォロワーが増えていき、たくさんのコメントが届きはじめた。

なんだこりゃ⁉　最初はびっくりして、呆然とした。

でもコメントを読むうちに、胸がいっぱいになっていった。

「こんなにたくさんの人が、ぼくのことをおぼえてくれていたんだ……」

なんとなく始めたインスタで、こんな気持ちになるとは思ってもみなかった。

プロ野球を引退してからの13年間、ぼくの人生にはいろんな出来事があった。

妻と離婚して、信頼してお金の管理をまかせていた人に20億円以上を使い込まれた。さすがのぼくも、それからしばらくふさぎ込んでいた。

そんなときに出合ったのが、ＣＭ撮影で訪れたバリ島だった。

ぼくはこの島が一発で気に入ってしまった。

「ここでなら誰にも注目されず、自分の人生、好きなように生きていける」

環境を変えることで、疲れ果てた人生をリフレッシュさせようとしたんだと思う。

バリ島に移住して、本当によかった。

エアブラシアートやモトクロスを好きなだけやって、気の向いたときに釣りに出かける。

大金持ちではないけれど、身軽になったぼくは自分の人生を心ゆくまで楽しんだ。

しおれかけていたぼくの人生は、バリ島でふたたび元気を取り戻したんだ。

バリ島での暮らし10年目にインスタを始めたのは、いま思えば必然だったのだろう。

みんなのコメントの中には、こんな嬉しいものがあったりする。

「どうして新庄さんは、そんなに人生を楽しめるんですか？」

「いまのプロ野球には、新庄さんみたいな選手がいなくてつまらない」

「新庄さんのプレーがもう一度見たいです！」

そのひとつひとつに目を通しているうちに、心の声が聞こえてきた。

「引退してから13年も経つ。もう飽きるくらい遊んだだろう。ここから先は死ぬだけだから、もう一度チャレンジしなさい。夢に向かって走りなさい」

夢。それは、しばらく忘れていた言葉だった。

ぼくは野球を通じて、ファンのみんなといくつもの夢を叶えてきた。

阪神タイガースではオールスターMVPに輝き、メジャーリーガーになってサンフランシスコ・ジャイアンツではワールドシリーズに出場した。北海道日本ハムファイターズでは札幌ドームを満員にして、日本一になった。

自分の人生を味わい尽くした13年間を経て、ぼくはまた、みんなと一緒に夢を追いかけたくなった。

いまの時代、夢にトライできないままあきらめる人も多いと思う。

それならぼくが先頭に立って走りだそう。

挑戦する姿を見せることで、みんなの勇気になりたいんだ。

もう一度、プロ野球選手になる。 目次

プロローグ すべてはインスタから始まった〜47歳のプロ野球現役復帰宣言〜 018

第1章 何度だって、夢は叶う

いちばん困難だから野球を選んだ 030
「度胸」を与えてくれたひとつのメッセージ 032
前代未聞の挑戦！ イメージすらわかない！ 035
「見えないボール」を打つ方法を考えた 039
「アンチ」が闘志を燃やしてくれる 041
お金はないけど困ってないよ 043
「失敗したら」は考えない 045

獲ってくれた以上は優勝させるよ 048

第2章 大事なときは、楽しいことだけ考えよう

楽しいことを考えたら、「どうしよう」は生まれない 054
プレッシャーに打ち勝つ天才 057
頭の中は「ファンを喜ばせること」だけ 060
チャンスじゃないと気がノらない！ 063
わざと難易度を上げてチャレンジする 067
苦手な人はいない 071
野村監督との思い出 075
ぼくの師匠とよき理解者 079

第3章　無謀なチャレンジと世界一の守備論

甲子園もメジャーも空き地も一緒　088
親父と摩天楼を見上げた日　091
メジャーリーガーという生きざま　093
マイナーリーグに生きる　098
こいつらを日本一にしてあげたい！　103
力を引きだすための「キャラ付け部長」　105
コンプレックスを前面に押しだす　森本稀哲をプロデュース　107
いつからでも人は変われる　稲葉篤紀をプロデュース　114
才能を埋もれさせたくない　ダルビッシュ有をプロデュース　119
ぼくが考える、プロ野球選手の成功の条件　123
パフォーマンスは勝てるときに　125
グラブへのこだわり　130
ぼくが守備にハマったわけ　135

センターだから、すべてがわかる 137
究極のファインプレーってなんだと思う 141
新庄野球塾1——外野守備編　いつも3人の距離を保つ 146
新庄野球塾2——外野守備編　ボールから目を切らないで背走しよう 149
新庄野球塾3——ファースト守備編　開いて捕ろう、バウンド送球 152
新庄野球塾4——内野守備編　カットプレーの無駄を省く「スピン投法」 155
新庄野球塾5——グラウンド編　天然芝と人工芝でプレーを使いわける 158
新庄野球塾6——打撃編　バッティングフォームはどうすればいいの？ 161

第4章　SHINJOドリームチーム

ＳＨＩＮＪＯドリームチーム構想 166
外野はふたりで守り抜く！ 168
世界最高のアーティストを呼ぶ！ 174

みんなに伝わる、わかりやすい言葉で 177
お立ち台で「そうですね」は言わない 180
ぼくは「陰のリーダー」 186
日本球界にもメジャーとマイナーを 189
得意なことを出しあって、チームが輝く 191
スト明け直後の大一番で起こった奇跡 194
ファンの力を借りよう！ 197

第5章 やりたいことは、ぜんぶやる

「なければつくる」は親父ゆずり 206
いつも心の中で鳴り響く、あの歌 209
ぼくはスーパースターじゃない 213
怒らない 218

悩まない、グチらない 221
ポジティブになろうと思わない 223
落ち込むのは30分だけ 227
自分の長所にフォーカスする 229
エピローグ 「答えより もっと大事なことは 勇気出して 自分を試すこと」 232

第1章

何度だって、夢は叶う

いちばん困難だから野球を選んだ

もう一度、ファンのみんなと夢を追いかけよう！

そう思って、ぼくは少し立ち止まった。

でも、なにを追いかければいいわけ？

ぼくには趣味がたくさんある。歌に絵画にモトクロス。それらは〝趣味のレベルを超えた趣味〟だと言ってもいい。エアブラシアートの作品は、100万円で売れたことがある。

モトクロスは家の敷地にサーキットをつくって、食事も忘れて走り込んだ。

絵を描いてもいい。モトクロスもいい。でも、なにかが足りない。

次の瞬間、ひとつの思いが浮かんだ。

「野球だ！　野球しかない！　もう一度、プロ野球選手に復帰するんだ！」

このアイデアに、ぼくは大満足した。パーフェクトだ。

なぜって、そんなこと無理に決まってるんだから。

夢は困難なほどおもしろい――。

それはぼくの信念だ。

多くの人は、頑張れば手が届きそうな夢を思い描く。

ぼくは全然違う。「そんなん無理じゃね?」と言われることを宣言する。

振り返ってみてよ。ぼくは、そんなことばかり言ってきたから。

2000年のオフにメジャー挑戦を宣言したとき、ほとんどの人が笑った。

「無理だよ、無理。日本の恥になるだけだから、やめときなよ」

2004年に日本ハムに入団して「日本一にする」と宣言したら、また笑われたよ。

でも、どうだった?

ぼくはニューヨーク・メッツで四番を打ち、日本ハムを3年かけて日本一にしたよ。夢を叶えたんだ。

そう、プロ野球界への復帰を宣言したのは、〝無理〟だからだ。

無理なことを宣言すると、「そんなことできるわけないだろう」という人が出てくる。

その声は、夢に向かうぼくの原動力だ。だから、みんなと一緒に追いかける夢は、「無理だろう」と思われるようなものじゃなきゃいけないんだ。

「度胸」を与えてくれたひとつのメッセージ

夢を叶えるために、絶対に必要なものが3つある。

「勘」と「経験」、そして「度胸」だ。

勘はアイデア。「こうなりたい」という発想だ。

プロ野球選手になりたいでもいいし、歌手になりたいでもいい。

経験は実績と言い換えてもいいと思う。

ぼくたちが夢に描くものは、たいてい好きなもの、もしくは得意なものの延長線上にある。歌手になりたいと思う人は、歌が好きで、まわりに褒められた経験なんかがあるだろう。プロ野球選手になりたいと思う人は、チームで活躍した経験があるはずだ。

つまり「歌手になりたい！」と思った時点で、その人は勘と経験のふたつをクリアしたことになる。

いちばんの問題は、度胸だ。やると決めたら発信する。誰がなんと言おうと。

「私は歌手になりたい」と夢を言葉にすることだ。できれば、期限を決めて。決めないと、なあなあになるから。夢を叶えるか、叶えないか。その差は「度胸」＝「発信するか、しないか」で決まるんだ。

「夢を語ったら笑われる、バカにされる」と思う人は少なくない。とくに日本では。

だからウジウジと考えてしまって、結局、夢を語らなくなってしまう。

言わないというのは、迷っていること。迷っていたら、夢に向かう力は消えていく。

だから夢を宣言するだけで、夢に向かって大きく前進したことになるんだ。

インスタを通じて行ったプロ野球現役復帰宣言。ぼくは「起きて2秒で決断した」と、のちに明かした。でもここだけの話、けっこう迷っていたんだ。

さすがのぼくでも、自分の年齢を知っている。

47歳からプロ野球選手をめざす？　映画やアニメのシナリオでも、さすがに却下されるだろう。

心の中で、「なる」「なれない」「なる」「なれない」の無限のループが始まっていた。

まずい、とぼくは思った。迷いだしたら、夢は終わる。

そんなとき、インスタからひとつのメッセージが目に飛び込んできた。

「新庄さんは、プロ野球選手になると決めてください」

それはフォロワーのみんなが、ぼくのプレーをもう一度見たいと盛り上がっていたときに届いた。

メッセージは数日で消えてしまうので、メッセージを送ってくれたのがどんな人かはわからない。たぶん子どもだと思うけれど、男の子なのか、それとも女の子なのか……。

そのメッセージが心に突き刺さったのは、度胸がつかないぼくの迷いを、その子だけが見抜いていたからだと思う。

なりたいんじゃない、なるんだよ。

そのメッセージに背中を押されて、ぼくは決めた。

よし、明日の朝起きたら、すぐに言うぞと。

起きて2秒で決めた復帰宣言は、じつはそれだけの紆余曲折があった。

夢の実現には、口に出すという度胸が大切だ。ちょっと時間はかかったけれど、ぼくは言った。

これだけでも大いなる第一歩だ。ぼくは夢に向かって歩きはじめた。

前代未聞の挑戦！　イメージすらわかない！

ぼくはいままでいくつも夢を実現したが、口に出したときには必ず成功のシナリオを描いていた。天真爛漫に見えて、頭の中では緻密な計算していたわけだ。

例えば日本ハムでは、「札幌ドームを満員にする」「日本一になる」と宣言した。

ぼくが奇想天外なパフォーマンスを展開することで、大勢のファンが集まり、選手たちが奮起して日本一になる、というイメージだ。

ぼくにはこうした実績があるからか、ファンの多くも復帰宣言に太鼓判を押してくれた。

「ツーさんなら、絶対にできますよ！」

そんなコメントが毎日届いた。

ぼくも「言っちゃったからには、やるしかないでしょ！」とハイテンション。

でも、そんな手応えは頭の中だけ、ということがすぐにわかった。

復帰宣言をした日、試しに走ってみたら、ふくらはぎが悲鳴をあげたんだ。

「ああ、ぼくはなんてバカなことを言ったんだ……」

早くも後悔の念が襲ってきた。

ぼくはもう50歳手前だ。こんな歳で本気でプロ野球選手になろうとした人は、世界中を探してもひとりもいないだろう。

そしてもうひとつ、みんなが忘れている壁がある。

ブランクだ。

「山本昌さんは50歳までプレーしたんだから、ツーさんにもできますよ！」

ファンの多くは、そういってぼくを勇気づけてくれる。その気持ちはとても嬉しい。

でも、昌さんは日々トレーニングを続けて「50歳現役」にたどり着いた。そこがぼくとはまったく違う。ぼくは昌さんより若いかもしれないけど、引退してから運動らしいことはまったくやってこなかったんだから。


13年間、まったくスポーツをしてこなかった47歳の元プロ野球選手が、もう一度、プロ野球選手をめざす——。

そのチャレンジの大変さを、ぼくはいま存分に嚙みしめているところだ。

現役時代、ぼくはフィジカルにかなりの自信を持っていた。

メジャーにいたとき、チームメイトと握力比べをしたことがある。ひと回りもふた回りも大きなメジャーリーガーに、ぼくはまったく引けをとらなかった。肩だって脚力だって負けてはいない。

でも、あのころのぼくはもういない。

いきなり当時の練習メニューをやったら、間違いなく身体が壊れるだろう。そうなったら夢はおしまい。だから復帰宣言をしたときから、慎重に慎重に、〝シンチョウツヨシ〟でトレーニングをやってきた。

勝負をかけるのはトライアウトの数週間前。ここは必ず負荷をかけなきゃいけない。そのとき、ぼくの身体がどうなるか、こればかりはやってみないとわからないね。

筋肉と並んで、もうひとつ大きな問題がある。視力だ。

40代半ばを過ぎて、ぼくは視力の衰えを実感するようになった。

プロ野球選手は、ものすごく目を消耗する。150キロで向かってくる速球や多彩な変化球を一球一球凝視するからだ。視力の衰えで引退する選手は少なくない。

ぼくは復帰発言直後、日本に帰国したとき、バッティングセンターに立ち寄ってみた。バリ島にはバッティングセンターがないから、いい機会だと思ってね。

それでバーチャルの藤浪くんが投げてくる打席に立ってみた。

びっくりしたよ。とんでもなく速い球が向かってくるんだ。

「うわー、これ150キロくらい出てるでしょ」

と思ったら、120キロだとわかってガックリきた。

まわりを見たら、たしかに普通の人たちがカンカン打ってる。13年間、野球から遠ざかっていたぼくには、120キロが150キロに見えるんだ。

たぶんね、いまのぼくがプロのストレートを見たら、目がついていかないと思う。打ちにいったときには、すでにミットに収まっていると思う。変化球なんてぼやけて見えるかもしれない。

みんなはこれ、どうすればいいと思う？

「見えないボール」を打つ方法を考えた

常識的に考えれば、ぼくはとんでもないことを宣言したんだと思う。

でも、ぼくはもう言ってしまった。言った以上は、これを楽しめばいいんだ。

そう思うだけで身体中から力が抜けて、意外なところからポンと答えが降りてくるかもしれない。

「47歳からプロ野球選手をめざします。でも、ボールが全然見えません。どうする？」

よし、答えが出たぞ。

ボールが速くて見えないなら、「来た！」と思うより早く打ちにいけばいいんじゃないか。ボールを見ようとしても、いまの視力じゃ見えない。それなら見えないことを受け入れて、見えない中で打つ方法を見つければいいんだ。

バッティングというのは、すべて結果。ボールが見えてなくても、ヒットになればいいわけだからね。

ボールが見えない状況には、ボールが〝ぼんやり〟見えるケースも考えられる。

このケースでも、ぼんやりを受け入れることが突破口になるかもしれない。

ぼんやりしたかたまりが、ぼくに向かって飛んでくる。その「ぼんやりしたかたまり」のどのあたりを打てば、芯を捉えられるのか。

これからは、そんな発想で目慣らしをしていこうかな。


視力の衰えは、野球をするうえではたしかにハンデなのだろう。

でも、「ボールが見えない！　もうダメだ！」とあきらめるのは、まだ早い。

困難に直面したら、おもしろがればいい。

人生だってそうだと思う。勉強、仕事、対人関係。こういうのは大変だと考えれば大変だけど、楽しもうとすればいくらでも楽しめる。

そこからきっと、なにかが始まるんだから。

#「アンチ」が闘志を燃やしてくれる

ぼくはいま、いくつもの困難を楽しみながらトレーニングに励んでいる。

でも、ちょっと物足りないところがある。「アンチ」が少なすぎるんだ。

現役時代、ぼくが夢を語るたびに、たくさんの人がディスってきた。

「そんなの無理だ」

「できるわけないだろう」

「だまって野球だけやってろ」

そうやって批判されるたびに、ぼくは嬉しくなった。なぜなら、アンチほどぼくのことを気にかけてくれてる人はいないからだ。

彼らは、常にぼくの言動をチェックしている。そのエネルギーは大したものだ。

「それって、本当はぼくのことが好きなんでしょ?」

ぼくはそう考えて、アンチにディスられることをエネルギーにして夢を叶えてきた。

メジャー挑戦を表明したときなんて、すごかったよ。「日本の恥」とまで書かれたんだから。世間の逆風を、ぼくはむしろ心地よく受け止めていた。

だってこれは、ぼくが日本中の人に興味を持ってもらえている証だから。

これで結果を出したら、世間がクルンと手のひらを返すことになる。

「そうなったら、気持ちいいだろうなあ。おもしろいだろうなあ」

それがぼくのエネルギーなんだ。つまり、ディスられるほど力がわいてくる。

で、ぼくは結果を出したよ。

メジャー1年目で、ぼくは四番を打った。そうしたら「新庄すごい！」と大喝采になったよ。CM出演のオファーもガンガン届いた。あれは本当に痛快だった。

バッシングが強ければ強いほど、ぼくには力がわいてくる。そして活躍したときの反響もまた大きい。だから、アンチはぼくの「もうひとつのエネルギー」なんだ。

現役復帰に向けて動きだしたぼくのことを、たくさんのファンが応援してくれる。ものすごく嬉しいよ。本当にありがたい。

でも、アンチが少ないんだ。これは正直、誤算だった。

アンチもぼくにとっては大事な人たちだから。

お金はないけど困ってないよ

そうそう、アンチの人たちがよく言ってくるのがお金のこと。

「新庄はお金がないから、話題づくりに励んでいるんだ」。これはよく言われる。

信頼していた知人に20億円以上使い込まれた顚末は、『しくじり先生』というテレビ番組でひと通りしゃべった。これはかなり反響があったそうだから、「新庄はお金に困っている」というイメージが定着したのだろう。

せっかくだから、ぼくの金銭事情について話しておこう。

みんなが言う通り、ぼくにはたしかにお金がない。それはそうだよ、20億円以上横領されて、返ってきたのが8千万円だったからね。そのお金でバリ島に家を買ったんだ。

お金を取られてから、ぼくの金銭感覚は変わった。

口座残高をチェックするようになったし、買い物に行けば値札を見るようになった。ケチケチしてはいないけど、欲しいものをなんでも買うようなことはしなくなった。

いまのぼくは、使えるお金がせいぜい200万円。口座残高が100万円を切ると、ちょっと焦る。でもね、ほとんど困ってないよ。

なぜっていまのぼくは、この暮らしを楽しんでいるから。

「うわ！　お金ないじゃん！　どうするどうする？」なんて騒いでいるのが楽しいんだ。

ぼくはいままで散々、ぜいたくな暮らしをしてきた。

とんでもなく高いマンションに住んでいた。でも、もう一度お金持ちになって、そういうところに住みたいか？　と聞かれたら、答えはノーだ。

だって、そういうものはひと通り体験しているから。大きな家に住んで、高い車を乗りまわして、高級ディナーばかり食べるような人間が、「みんなもなにか挑戦しようぜ！」って嘘くさすぎる。夢を追いかけるヤツのする生活じゃないでしょ。

お金を失って、初めてわかったことがある。

それはいままでの自分が、お金にしばられていたということだ。もちろん、そんなつもりはなかった。でも、すっからかんになったぼくは、立ち直れないくらい落ち込んだ。

ほとんどすべての財産を失ってバリ島で暮らしはじめたぼくは、あのときの自分を笑いたくなった。なにも変わらない、いや、あのときよりも楽しんでいるじゃないか。

「失敗したら」は考えない

なにかにチャレンジしようとすると、必ず誰かがこう言いだす。

「失敗したら、どうするの？」

多くの人は、こう答えるだろう。

「いやいや、失敗したときのことなんて考えていないですよ」

チャレンジに失敗はつきものだけど、そのことをちょっとでも考えたら成功するものも成功しない。うん、悪くない考えだ。

でも、ぼくの答えは違う。

「新庄さん、失敗したらどうするの？」と聞かれたら、ぼくは迷わずこう答える。

「いや、成功しますから」

思えばぼくは、「失敗したら、どうするの？」を死ぬほど聞かれてきた。

そして、いまも。

現役復帰を宣言してから、会う人会う人に、そう聞かれる。

そのたびにぼくは、「いや、成功しますから」と答えているのだ。

ポイントは、失敗したときのことを考えないということ。

そう考えた時点で、心は失敗に引っ張られてしまうから。


だからぼくは、ここいちばんを迎えたときは成功のイメージしか描いていない。

阪神で一軍デビューしたときも、そうだった。

三塁を守っていたオマリーがケガをして、二軍にいたぼくに声がかかった。

「おい新庄、三塁守れるか？」

ぼくの本職はセンター。内野は練習していたけど、ちょっとしか守ったことがない。

でも、ぼくは「もちろん、できますよ」と答えた。

これはチャンスだ、ポジションなんか気にしていられないと思ったからだ。

三塁を守ったデビュー戦、ぼくの頭の中にあったのは、「いいプレーをする」ということだけだった。デビュー戦の緊張感なんてない。

緊張は「失敗したら、どうしよう」という不安から生まれる。でも、ぼくには失敗のイメージは一切ない。緊張しようがないんだ。

だから慣れない三塁を守りながら、ぼくは「来い来い来い！」と思っていた。ピッチャーが三振に打ち取ったり、外野フライを打たせたりするたびに、ぼくは「なんで俺のところに飛ばんのや！」とがっかりした。だって、ファインプレーするチャンスがなくなっちゃうんだから。


現役復帰宣言をしたぼくは、何度も何度も「失敗したら、どうするの？」と聞かれ、そのたびに「いや、成功しますから」と答え続ける。

成功する、成功する、成功する……。

何度も声に出しているうちに、サードを守ったときのルーキー時代の気持ちが戻ってきた。

「やれる、やれる！　どんなことだって、ぼくにはできるよ！」

いま、ぼくの頭の中にあるのは、成功のイメージだけ。

さてと、どんな形でプロ野球界にカムバックしようか……。

獲ってくれた以上は優勝させるよ

現役復帰宣言について、ひとつはっきりさせたいことがある。

48歳のオールドルーキー。それは球場を盛り上げる格好の話題になるだろう。

実際にあちこちから、「〝客寄せパンダ〟だったら入団させてくれる球団はあるかもね」

という声が聞こえてきた。

いやいやいや。そんなつもり、まったくないから。

ぼくがファンだったら、そんな形の現役復帰を見せられたら冷めちゃうよ。

「よし、きみと契約しよう！」と、どこかの球団の偉い人に言われても、それが〝客寄せパンダ〟としてなら、ぼくは自分から断る。そんな安っぽいストーリーに乗っかってまで、
夢を叶えようとは思わない。

あくまでも、「戦力」としてプロ野球界に復帰するんだ。

復帰への道筋はいくつかあるけど、おそらくはキャンプにテスト生として参加する、もしくはトライアウトに参加することになると思う。

プロ野球のキャンプには、アメリカや中南米からやってきた練習生が参加していて、実力を認められて正式に契約されることがある。そこからホームラン王になった選手だっているんだ。そういう形で、ぼくも復帰を狙うことになるだろう。

現役復帰宣言をしてからのトレーニングは、ちょくちょくインスタにもアップしてきたから、ぼくの身体の変化を感じている人もいると思う。もしかしたら、プロ野球関係者も見ているかもしれない。

でもね、仕上げの段階はおそらくみんなには見せないと思う。そこを見せてしまうと、サプライズにはならないから。

たぶんね、ぼくを獲ってくれたチームは優勝するよ。日本一になる。

プロ野球史上初となる「48歳のオールドルーキー」を見に、大勢のファンがきっと球場に足を運んでくれると思う。どこに行っても球場は超満員。そうなったら嬉しいな。

開幕から1ヵ月が経ち、レギュラーでもベンチでも、「新庄はなにをするのか」という興味は続く。

「今日はスタメンかもね」

「代打は十分ありえるね」

「終盤の守備固めはあるかも」

「出場しないとしても、パフォーマンスはやってくれるかも」

出ても気になるし、出なくても気になるでしょ？　フィーバーは続くんだ。

もちろん報道陣だって、大挙して球場に押し寄せる。最初はみんな、ぼく目当てかもしれない。でも、そんな状況に燃えなきゃプロじゃないよ。

「いやいやいや、新庄さんより俺を見てよ！」

50歳手前のおっちゃんには負けていられないとばかりに、チームメイトのみんなはいつにも増して張り切るはず。そうなったら競争が激しくなって、チーム力が底上げされる。

そして絶好のタイミングでぼくがパフォーマンスをやって、さらに球場を盛り上げる――。


勘のいい人は、もうわかったと思う。

これ、現役時代にやったこと。そう、日本ハムで。

ぼくが入団したときの日本ハムは、ほとんどいつもBクラスで、ファンも多いとは言えなかった。そんな地味なチームにぼくは火をつけ、日本ハムは日本一になった。

あのときは3年かかったけど、今度は1年あれば十分じゃないかな?

なんたって今回の現役復帰は、48歳のオールドルーキーとして。前回の、「メジャーリーガー新庄の日本球界復帰」とは比較にならないインパクトだからね。チームには間違いなく、ものすごく大きなエネルギーが生まれる。そのエネルギーを追い風にできれば、日本一になれると思うんだ。

でもね、本音を言うといちばん怖いのはケガ。

肘と肩は痛めたことないけど、股関節と首と腰についてはどんな治療をしたらいいかわかっているから、問題ないと思う。

すでにトレーニングは開始しているけど、実戦になったとき、身体のどの部分に痛みが出るかわからない。もし故障したら自分で治療法を探さないといけない。

実際、東京のバッティングセンターで打ったとき、すぐ身体のあちこちに痛みがきた。わー、どうしよう。こんなところ痛みが来たことない!　ってパニック。

まぁ、それもおもしろいんだけどね。


48歳のおっちゃんが現役復帰できたら、本当にヒーローだね。

テニスの伊達公子さんが37歳で現役復帰したときは、すごいと思った。

でもそれでも、いまのぼくよりは10歳若い。


「筋肉」の限界はあるけど、「頭」の限界はないと自分に言い聞かせて挑戦するだけ。

下半身のトレーニングは、とくにケガの怖さもあるし、少しずつやっている。

本番まで、きっとあと半年もないだろう。でも半年もあると考える。それが楽しいし、怖いし、嬉しい。

これで受かったら、マジでみんなに勇気を与えるよね。


そして、もうひとつ夢があるんだ。

もし現役復帰できたら、高校生のぼくを阪神タイガースにスカウトしてくれた渡辺省三さんに、「省三さん、見てますかー?」って天国に向かって叫びたい。

きっと喜んでくれるよね。

第2章

大事なときは、楽しいことだけ考えよう

楽しいことを考えたら、「どうしよう」は生まれない

インスタを始めてから、ファンのみんなから質問がたくさん寄せられるようになった。野球のテクニックについての質問が多いけど、いちばん多いのはこれかな?

「どうして新庄さんは、いつも楽しそうなんですか?」

これ、年齢、性別に関係なく、いろんな人から聞かれる。

ということは、みんな楽しく生きてないのかな? そうだとしたら、もったいないよ。人生は一度きり、思い切り〝楽しんジョイ〟しなきゃ。

みんなが言うように、ぼくはいつだって人生を楽しんでいる。

それはプレッシャーや緊張とうまく付き合えているからだと思う。勝手にそうなってしまうんだけど、気持ちをコントロールできるんだ。

これは親父の影響も大きいと思う。合気道の先生もやっていた親父は、いつも「気持ち

が大事だ」と言っていた。「その場に集中すれば、できるんだ」と。

ぼくは親父の言うことを自分なりに解釈して、「じゃあ、大事なときは楽しいことだけ考えよう」と思うことにした。

例えば、大勢の人の前で話すことになったとする。

インスタで質問してくる人たちは、こういうときたぶん緊張するのだろう。

「噛んでしまったら、どうしよう」

「途中で話を忘れてしまったら、どうしよう」

「ちゃんと聞いてもらえなかったら、どうしよう」

どうしよう、どうしよう、どうしよう……。

こうなると、あまりいい結果は出ない。

頭の中がネガティブなことでいっぱいになっているからだ。

「ちゃんと話ができるかな」という不安に因われると、ちゃんと話をすることばかりに気が向いてしまう。仮に噛まずにちゃんと話しができたとしても、それって果たしておもしろい話ができるのかな?

ぼくには、こういう「どうしよう」がない。

だって、楽しいことしか考えていないから。

「こんな格好して出て行ったら、みんなびっくりするだろうなあ」

「この話はみんな喜ぶだろうなあ」

「サプライズでプレゼントも準備しようか」

楽しいことを3つ、4つ用意するんだ。そうすると、「よーし、なにを話してみんなを笑わせてやろうか。これとこれと……。あ、プレゼントも買いに行かなきゃ」と楽しいことで忙しくなる。こうなると、「どうしよう」の入る余地がないでしょ?

ぼくの場合は、多分に生まれついての性格が大きいと思うけど、これだったらみんなも少しはマネできるんじゃないかな。

みんなが不安になることは、じつはまわりの人にとってはどうでもいいこと。多少噛んだところで、「噛んだ、噛んだ!」なんて大騒ぎしないでしょ。そんなことに気をとられるなら、楽しいことを考えたほうがいいよ。だってそのほうが楽しいんだから。

プレッシャーに打ち勝つ天才

プレッシャーを感じない天才がぼくだとしたら、プレッシャーに打ち勝つ天才は誰か。

ぼくには思い浮かぶ人物が、ひとりいる。

イチローくんだ。

高卒外野手としてプロ入りしたぼくらは、バックボーンが似通っている。

ぼくが1972年生まれで、イチローくんは1973年生まれ。

ぼくがドラフト5位で、イチローくんは4位。

強肩という共通点もある。

忘れてはいけないのは、メジャーに渡ったのが同じ年、2001年だったということ。

当時、メジャーではパイオニアとなった野茂英雄さんを筆頭に、伊良部秀輝さん、吉井理人さん、佐々木主浩さんなどが活躍していた。

みんなピッチャー。野手はゼロ。

だからぼくは密かに野望を抱いていた。

「野手のメジャー第1号は俺がなる！」という野望を。

ところが2000年秋、イチローくんがポスティングシステムでのメジャー挑戦を表明。

その後、シアトル・マリナーズと正式契約を結び、「日本人野手初のメジャーリーガー」となった。

その後、ニューヨーク・メッツと契約したぼくは、二番煎じになってしまったわけだ。

正直に言うよ。あのときはちょっと悔しかったね！

メジャーはさておき。

比較されることが多かったぼくらは、プレーヤーとしては正反対だ。

こう書くとわかりやすいと思う。

記憶に残ることをめざしたのが新庄剛志。

記録を残すことをめざしたのがイチローくん。

数字では彼に及ばないけど、記憶では負けていないと思う。

改めて書くと、「プレッシャーに打ち勝つ天才」。

ぼくはイチローくんを、そんなふうに認識していた。

イチローくんを見出した仰木彬監督はおそらくこう言ってイチローくんを育てたんじゃないかと思う。

「チームの勝敗よりも、自分がのびのびとプレーすることに集中しなさい」と。

というのも仰木さんは自分のチームの勝敗と同じくらい、パ・リーグの盛り上がりに心血を注いでいたからだ。だから、工夫を凝らして個性派を売りだそうとしていた。

鈴木ではなくイチローという、当時としては珍しい登録名をつけたのも仰木さんだ。

このあたりの「おもしろいことをやる」という発想は、ぼくにも通じるものがある。

鈴木一朗からイチローとなったシーズン、彼は当時日本プロ野球記録となるシーズン210安打を打って大ブレイクする。

ここからイチローくんの、数字への挑戦が始まる。

数字を残すというプレッシャーと戦い、努力によって結果を出していった。

毎試合、すべての打席で結果を出そうとする姿勢は、チャンスのときだけ打とうとしていたぼくとは大違いだよね。

ぼくはイチローくんとは、あまり言葉を交わしたことがない。

一度じっくり話してみたら、どうなるだろう。

頭の中は「ファンを喜ばせること」だけ

楽しいことをたくさん考えて、「どうしよう」は一切考えない。いや、ぼくの頭の中には「考えない」という意識すら一切ない。

野球をやるときも、もちろんそう。

打席に立つときは、さっきも書いたように、3つ、4つ、楽しいことを考えるんだ。

「ここでバチコーン！　と打ったら盛り上がるだろうな」

「久々にヘッドスライディングでもかましてやるか」

「で、広報が談話をとりにきたら、こんなことを言ってと……」

超ポジティブシンキング。こういうことを考えていたら、緊張したり、プレッシャーを感じたりする暇なんてないでしょ？

ぼくが空想することは、基本的に「こんなことをしたら、ファンがめっちゃ喜んでくれるだろうな」ということ。つまり、喜ばす相手が多いほどポジティブな発想がふくらんで、エネルギーがわいてくる。

だから対戦相手は、よくこんなことを言っていた。

「今日は大入り満員だから、新庄に気をつけろ」

もうひとつ、「第1打席は絶対に抑えろ」という指示も出ていたらしい。

超満員の球場で最初にヒットが出ると、手がつけられなくなるからだ。

ぼくのポジティブシンキング・パワーが最高潮になるのは、次の条件がそろったときだ。

ひとつは、超満員であること。地上波の全国生中継だと、なおいい。ものすごくたくさんのファンが、ぼくの打席を見てくれているわけだからね。

もうひとつは、チャンスであること。

優勝を左右するような大一番のチャンスで打席がまわってくると、なおいい。

ランナーがたまっていって、ぼくの打席が近づいてくる。そうすると、ぼくの中でカチッとスイッチが入るんだ。

こういうときのぼくはすごいよ。集中力が極限まで高まって、バッティングのときにする手袋をはめるのも忘れる。手袋なんてもうどうでもいい心境。

ネクストバッターズサークルに行くことすら忘れている。

前のバッターがなにをしているかもわからない。

「俺を見ろ。絶対ファンを喜ばしてやるからな……」。ただその気持ちだけ。

そういうときは、ボールが遅く見える。ボールのマークが見えるくらい、スローモーションに見える。

たぶんバットは短かめに持っていると思うけど、自分のフォームがどうなっているかもわからない。それくらい集中している。テンションが果てしなく高まって、自分がどこでなにをしているのかもわからない、そんな不思議な感覚に包まれているんだ。

チャンスを迎えたときのぼくの迫力、それは相手投手にも伝わっていたようだ。

中日ドラゴンズのエースだった、川上憲伸くんが、あるとき教えてくれた。

「日本シリーズで対戦したときは、正直抑えられる気がまったくしませんでした。オーラが身体中から出ているっていうのかな。ものすごく大きく見えるんです。だから、なにを投げても打たれるような気がして」

この話を聞いたときは、素直に嬉しかったな。

チャンスじゃないと気がノらない！

大舞台に強い。

この言葉は、ぼくのためにあるんじゃないかと思っていた。

でも、もっと正しく言えば「大舞台だけに強い」となるかもしれない。

そう、ぼくは空席が目立つ試合、大差で負けていてランナーがいない場面では、まったく結果を出せなかった。結果を出せないというか、まったくやる気が出ない。

消化試合×大差で負け×ランナーがいない＝やる気ゼロ。

こういう打席のときは、ほとんど気持ちが入らなくて、打席でも余計なことを考えていた。余計なことというのは、「カッコよくテレビに映ってるかな」とか、「夜はなに食べに行こうかな」とか、「甲子園って大きいなあ」とか。つまりはどうでもいいことばかり。

まったく打席に入り込んでいない。

そのことは阪神時代の監督、野村克也さんにもバレていて、「言いたいことはあるが、おまえの打撃は気分やから、なにを言ってもしゃあない」と、ほとんどあきらめられていた。

さすがは野村監督、ぼくのキャラをよくわかっている！

野村監督はおそらく、「新庄がいつもチャンスの気持ちで打席に臨めば、すごい数字を残せたのに」と言いたかったのだと思う。ぼくの能力を買ってくれていたんだ。

ぼくも、そんなふうに思うことがあった。

いつもチャンスのときの集中力で打席に立っていたら、イチローくんのようにヒットを量産したと思う。首位打者だって獲れたんじゃないかな。

でも、そう思うたびに、ぼくは「いやいやいや、そんなことはぼくには無理だ」と考え直す。だって大舞台やチャンスじゃなければ、まったく気持ちがノらないんだから。

ランナーがいない打席で、無理やりテンションを上げて打とうとしたら、調子が悪くなるかもしれない。肝心のチャンスのときに集中力が出なくなるかもしれないし、完璧にやりたい守りにも影響が出るかもしれない。

やっぱり、ぼくはこのままでいいんだ、と思い直した。チャンスじゃないときに休んでいるから、チャンスで爆発できるんだ。これはたぶん、野球以外にも言えると思う。休むときは休んでいい。メリハリをつけることが大事なんだ。

チャンスのときだけ気持ちが入るぼくの打撃は、数字にもちゃんと表われている。

ぼくの打率は、いつもだいたい2割5分。お世辞にもいいとはいえない。

プロ野球選手は3割打ったら一流と認められる。年俸だって、ドーンと上がる。

100回の打席につき、ヒットを5本多く打てば、ぼくは3割バッターの仲間入りをすることができる。3割までの数本のために、選手たちは日夜、試行錯誤を繰り返すわけだ。

でもぼくは、この5本を捨てていた。

5本多く打とうと思ったら、チャンスじゃないときも、チャンスのような集中力で打席に臨まなければいけなくなる。

それができないことは、自分がいちばんよくわかっていた。だって、チャンスじゃないと集中できないんだもん。それどころか、「ランナーがいないときに夢中になって打つのはカッコ悪い」とさえ思っていた。

野村監督は、そんなぼくの性格をお見通しだった。

「ぼくはチャンスでしか集中できないんです」と素直に言ったら、
「おまえが気分で打っとることは知っとる。しかしなあ、誰がチャンスをつくるんや」とお得意のボヤキが出た。たぶん監督は、ぼくに大きな期待を寄せてくれていたんだろう。それはとてもありがたい。でも、できないものはできないのだ。

ぼくが記録よりも記憶に残る選手になれたのは、限られた集中力をほとんどすべてチャンスに投入していたからだ。

チャンスじゃないときは打たなくてもいいやと割り切って、集中力をほとんど使わない。集中力を貯金のようにため込んで、ここぞというときに使い切る。

2004年のスト明け直後の試合で、9回二死からサヨナラ満塁ホームラン（ぼくが一塁走者と入れ替わってしまったから、記録はシングルヒット）を打つことができたのも（後述）、おそらくはそういうことだ。

だからぼくは、「新庄は打率が低い」と言われても、ほとんど気にしなかった。

数字は数字。最後にみんなの記憶に残るのは、この俺だ！

これが新庄剛志のプライドなんだ。

わざと難易度を上げてチャレンジする

47歳からのプロ野球。

バリ島に住みはじめたときは、こんなことにチャレンジするなんて夢にも思わなかった。

でもぼくには、わざわざ難しいことに挑戦したくなるところがある。

ぼくは日本ハム1年目のオールスターで、球宴史上初の単独ホームスチールを決めてMVPに輝いた。あのときが、まさしくそうだった。

まず、試合前に「(オールスターの)MVPはぼくのもの」と宣言した。なにごとも宣言して入るところは、いつものことだ。

オールスターでは、なぜか一番を打たせてもらうことが多い。監督は〝いきなり新庄作戦〟でファンを盛り上げたいのだろう。

あのときも一番だったぼくは、第1打席でセーフティバントを試みた。ホームラン予告でファンを思い切りあおっておいて、コツン。で、全力疾走してアウト。

「なんや、バントしてアウトかい！」

球場中のファンがつっこんだと思う。

オールスターはたくさんの選手が出るから、フル出場できるとは限らない。初回にアウトになったぼくは、2打席目で勝負に出た。

まず、ヒットを打たなきゃいけない。ホームランなら文句なしだけど、エース級が次々と出てくるオールスターでは狙って打てるものじゃない。

「とにかくヒットで出ることだ」そう考えたぼくは、ガツン！　と左中間にツーベースを放った。次のバッターで三塁まで進んだぼくは、「ここだ！」と思った。

ホームスチールを決めてやる！

それができれば、MVPはグッと近づく。

腹をくくったぼくは、三塁ベース上から対戦相手、セ・リーグのベンチに向かって「ぼく行きますから」と合図した。それを見ていたのが古田敦也さんと山本昌さん。オールスターの空気がわかっているふたりは、「ムリムリムリムリ」「それなら行ってみろよ！」とぼくをあおり立てる。

幸い、バッテリーは阪神時代のチームメイト、福原（忍）くんと矢野（輝弘）さん。ふたりのクセは熟知しているからスタートは切りやすい。で、バッターはこちらも日本ハムの同僚、ガッツこと小笠原（道大）くん。これならあとで詫びを入れれば許してくれるだろう。

ときは来た。ぼくは迷わずスタートを切り、ヘッドスライディングでホームを陥れた。ホームスチールを成功させたぼくは、続く第3打席でも二塁打を放ち、パ・リーグの勝利の立役者になった。もちろん、MVPはぼくのもの。見事に有言実行を果たしたんだ。

このオールスターは、難易度をわざわざ上げて目標を達成するという、とてもぼくらしい試合だった。

いままで説明した一連の流れの中で、ぼくはいくつものハードルを自分に課している。

①MVP宣言をして自分を追い込む。
②1打席目でセーフティバントを試みてアウトになる。
③ホームスチールを相手ベンチにわざわざ伝える。

こんなことしなくていいのに、ということをわざわざやって、プロジェクトを困難にしてるのだ。ＭＶＰ宣言はともかく、②と③は明らかに自分からＭＶＰの難易度を上げている。１打席目から打ちにいけば、そこでヒットが出たかもしれない。ホームスチールを相手ベンチに伝えなければ、より成功率は高まったはずなのだ。

どうしてぼくは、こんなことをするのだろう。

ひとつ思い当たるのは、ハードルを上げるとテンションも高まるということ。

「難しい？　それならやってやろうじゃないの！」

身体中に力がみなぎってくる。

逆に、これをやらなければ難易度は上がらないけど、エネルギーがわいてこない。

それならハードルを上げたほうがいい。ファンのみんなもおもしろがれるからね。

で、47歳からのプロ野球。

これなんてありえないほどハードルが高い。だから、いままで経験したことがないくらい力がわいてくるんだ。

苦手な人はいない

人はとにかく仲間をつくりたくなるもの。

プロ野球界だってそう。同期や同郷、同じ学校の先輩・後輩で、関係をつくろうとする。

なにかひとつ、共通のものでつながっていると、人は安心できるのかもしれない。

でもぼくは、そうした仲間や派閥には興味がなかった。

誰ともとくにつるんだりしない。その反対に、苦手な人というのもいなかった。


サンフランシスコ・ジャイアンツに移籍したとき、チームにはバリー・ボンズがいた。

メジャーきっての大スターは、気難しくて、いつも偉そうに見えた。

人を寄せつけない空気を、思いっきりただよわせている。

そんな彼と、ぼくはすぐに打ち解けてしまったのだ。

あるときマイナー上がりの若手が、バリーを怒らせてしまったことがある。

「サインください」と言って、寝ているバリーを起こしてしまった。

当然、彼は激怒する。

そんなバリーの態度に、今度はぼくがキレてしまった。

後ろから頭をはたいて、「なんや、その態度は！」と怒鳴りつけたのだ。

その一件をきっかけに、バリーとぼくは仲よくなった。

どうやら、自分のことを怒ってくれる人がいなかったから、嬉しかったらしい。

以来、バリーはぼくのことを「バディ（相棒）」と呼ぶようになった。


あのバリー・ボンズをはたいてしまうぼくだから、怖いものなんてほとんどいない。

阪神時代も、あの野村監督に言いたいことを言っていた。

野村監督といったら「ＩＤ野球」。いわゆる〝考える野球〟を浸透させようと、就任直後のキャンプから毎晩２時間のミーティングをやると宣言した。

「マジかよ！　ウソだろー」

選手はみんなブチブチ言っていた。

それはそうだ。

キャンプは朝から晩まで野球漬け。夜も練習が待っている。

そんな大変なところに2時間のミーティングだ。さすがに身体にこたえた。

案の定、ミーティング中に船をこぎだす選手が続出した。

疲れているわ、話は長いわで、容赦なく眠気が襲ってくる。

「こりゃダメだ」と思ったぼくは、ミーティングの後監督室に向かった。

「新庄か。なんや？」

「監督、ひとつお願いがあります」

ぼくは次のように切りだした。

「学校の授業って、何分ですか？」

「45分や」

「野村監督がすごい人だということは、ぼくたちもわかっています。ぼくたち選手は集中してお話を聞きたいと思っています。でも、朝から練習をしてきて夜もまだ練習が残っているのに2時間は長すぎると思います。45分にしていただけませんか」

せっかくのいい話も長すぎては、頭に残らないということを伝えたのだ。

野村監督は、「おまえ、おもろいヤツやな」と一言ボヤいた。

そして、翌日からミーティングを45分に短くしてくれた。

チームメイトからは、「おまえ、よく監督に言えたなあ!」と感心もされた。

ぼくはなにも、すごいことをしたわけじゃない。こうしたほうがいいと思ったことを伝えたまでだ。

バリーと同じで、野村監督は大変な実績の持ち主。こういう人たちはまわりからリスペクトされすぎて、孤独なところがある。阪神きってのスターになって、まわりから浮いてしまった経験があるぼくには、彼らの孤独がわかるのだ。

こういう人たちはおべんちゃらにはウンザリしていて、忖度なしで付き合ってくれる人を心のどこかで求めている。だから野村監督も、耳を傾けてくれると思ったのだ。

さて、このエピソードには続きがある。

優勝請負人と呼ばれた野村監督の、阪神での1年目は最下位に終わる。

シーズン終了後、ぼくと顔を合わせた野村監督は、いつもの調子でボヤキはじめた。

「新庄、おまえの言う通りミーティングを短くしたんやぞ。その結果が最下位や。毎晩みっちり2時間やってたら、こんなことにはならなかったやろうな」

ぼくは、苦笑するしかなかった。

野村監督との思い出

ある朝の練習でバッティングしているとき、野村監督から「新庄、ちょっとこっちに来い」と呼ばれた。

「新庄、バッティングというのはな……」と2、3分くらい話が続いたとき、「あの、ぼく頭悪いんで。また次お願いします」とその場を離れた。

野村監督はあきれた様子で、「こんな選手初めてやぞ。もうええわ。おまえに教えんわ」。

「いやいや、お願いします。一気に言われるとわからなくなるので」と、ぼく。

その日から、宇宙人と思われたことは間違いないだろう。

そして2000年、ぼくのバッティングの調子がいまいちのときには、

「おまえ、いま落ち込んでんのか？　気合い入ってないのか？」

「はい。あまりやる気ないです。スランプになると野球をやりたくなくなるタイプかもし

れません」

「それなら何番だったら真剣にやってくれるんだ？」

「もちろん四番ですよ」

野村監督は、ぼくの性格をすぐ見抜いてくれて、四番にしてくれた。

成績を上げさせようとしてくれたその心づかいがすごく嬉しかった。

その気持ちに応えたくて、「よし、打ったろ！　来い！」と集中力を高められたから、スランプを脱することができたんだと思う。

そのシーズンは、キャリアハイとなる「28本塁打　85打点」、シーズンオフの日米野球でも4割超の打率を残せた。

それでメッツのスカウトから声をかけられた。だからぼくにとって野村克也監督は「神様・様・様！」なんだ。


メジャーに行く決断を野村監督に電話で報告したとき、

「あほやな、おまえは。裏切り者やぞ。誰がそこまで育てたんだ」

「ぼくの力です」と冗談で返した。

ぼくがメジャーで活躍できたら、誰にだってチャンスがあると思ってもらえる。あのちゃらんぽらんの新庄がメジャーで活躍できるんだーって。その扉を少しでもいいから開きたいという気持ちが正直あった。

出発前になって野村監督は、

「もしかしたら、おまえならありえるかもしれんな。アメリカが合ってるかもな。おまえの気持ちはわかったから、さみしいけどアメリカに行って挑戦してこい」

と言って送りだしてくれた。

日本人の野手でメジャーで活躍する選手は出ないと言われていた時代、ぼくに自信をつけさせてくれた。

メッツ1年目のシーズンが終わって日本に帰国したとき、メディア取材がものすごくてぼくは外に出られなくなった。

でも野村監督に会って、どうしてもお礼が伝えたくて電話した。

「野村さん、すみませんけど、ぼくが泊まっているホテルまでタクシーで来てもらえますか？」

40分ぐらいかな。すぐ来てくれた。

「メジャーでよく通用したな。わしのおかげやろ」

「いや、ぼくのおかげです」

そんな冗談を言わせてくれる唯一の監督だった。

ぼくのキャラを尊重して自由にプレーさせてくれた野村さん。

ぼくにとってはプロ野球界の父親のような存在だった。

ぼくの師匠とよき理解者

ぼくには尊敬するコーチがふたりいる。柏原純一さんと島野育夫さんだ。

柏原さんはぼくが阪神に入団したとき、阪神で二軍監督を務めていた。

ぼくの才能を買ってくれて、二軍でいつも四番を打たせてくれた。調子が悪くても、四番はほとんどいつもぼくだった。

入団2年目の1991年の秋、「これからは柏原さんについていこう」と思わされる出来事が起きた。

柏原さんのもとに、一軍の中村勝広監督から「新庄を上げてくれ」というリクエストが入った。

大チャンス到来！　しかしこのとき柏原さんは、あろうことか「新庄は上げません！」と突っぱね、中村監督とケンカまでしたらしい。

「いま一軍に上げたら、あいつは潰れる。二軍でもう3ヵ月、プロのピッチャーの球に慣れさせて、来年の開幕からセンターで使ってくれ」

そう言って、反対したというのだ。

この人は、こんなにぼくのことを思ってくれてるんだ——。

この日から、柏原さんをものすごくリスペクトするようになった。

実際は、柏原さんの反対にもかかわらず、ぼくは一軍に昇格。

デビュー戦の初打席でいきなりタイムリーを放った。東京ドームの巨人戦で、だよ。

それを聞いた柏原さんの喜びようはなかったね。

「新庄は俺が育てた！」なんて大はしゃぎしている。もちろん、冗談半分で。

そんな子どものようなところも大好きになった。


プロ野球界に入りたての若手選手は、まわりのみんながすごく見えてしまう。

いろんなコーチの言うことを聞き、先輩たちのマネをするうちに、自分を見失ってしまう若手はよくいるものだ。

ぼくは、そうならなかった。

そのときどきで信じられる人がひとりいればいいと思っていたからだ。プロ入りするまでは、親父がそんな存在だった。

一軍に昇格した後も、柏原さんを師匠と仰ぎ、ほかの誰よりも真っ先にアドバイスを聞きにいった。それからというもの、柏原さんとの二人三脚が始まった。


一軍でプレーするようになると、北海道や福岡への遠征がある。

おいしいお店があるから、試合が終わるとオシャレに決めて夜の街に繰りだしたくなる。

地元の福岡なら、行きたい店、会いたい友だちがたくさんいる。

だが、それができない。柏原さんが目を光らせているからだ。

「おお、ツヨシ。これからスイングするぞ！」

「はあ……わかりました……」

仕方なく、バットを振りはじめる。

そんなぼくに向かって、柏原さんはよく言ったものだ。

「あのな、チームメイトの連中が夜の街へと消えていくだろ？　とくに同じポジションのヤツを見たらな、心の中で〝ありがとうございます〟と思って気持ちよく送りだしてやるんや。連中が楽しく飲んでる間、おまえはひたすらスイングせえ。つらいかもしれんが、一軍に上がったいまやるんだ。いいな？」

言いたいことはわかるけど、とてもじゃないけど素振りをする気にはならなかった。

だって、20歳になったばかりだよ。遊びたいに決まってるじゃない。

でも、ぼくの横には柏原さんが目を光らせている。やらないわけにいかない。

「なんで俺だけホテルで素振りなんや！」

ふてくされて、怒りにまかせてバットを振った。

そうそう。真夏の神宮でホームラン2本打った翌日も、蒸し風呂のような室内練習場で素振りを命じられたこともあった。

もうね、死ぬかと思うくらいバットを振ったよ。

柏原さんがいたから、ぼくは何千回、何万回とバットを振った。

あの泣きたくなるような時間があったから、長く一軍で活躍できたんだと思う。

柏原さんはドラフト8位で南海ホークスに入り、野村監督にこってり指導されて一流になった。

ぼくは阪神時代、巨人戦で敬遠球をサヨナラヒットしたけど、じつは柏原さんはもっとすごいことをやっている。敬遠球を打って、ホームランにしちゃったんだ。

天才は天才を知るっていうけど、もしかしたら柏原さんは自分に似た感性をぼくに見出してくれたのかもしれない。

柏原さんには感謝してもしきれない。


もうひとりの恩師である島野育夫さんは、選手たちの間ではとにかく怖いことで知られていた。

実際に、怒るとめちゃくちゃ怖い。

ぼくたち若手にとっては、とても口をきけるような人ではなかった。

でもぼくは、そんな島野さんと仲がよかった。

なぜだと思う?

鬼より怖い島野さんの、本当の姿をぼくだけが知っていたからだ。

島野さんは、選手やスタッフが出てくるよりもずいぶん早く球場に出てくる。

ほとんど誰もいない甲子園を歩いて、小石を見つければ捨て、くぼみがあればならしてと、ていねいにグラウンド整備をしていたんだ。

本来、グラウンド整備は専門のスタッフがやるもの。

しかし島野さんは、自分の手でやれることをやっておきたかったのだろう。

選手たちが毎日、必死に練習しているのに、小石ひとつ、くぼみひとつでイレギュラーしてエラーになったり、それで負けてしまったりするのは気の毒だ。

そんな親心から、毎日誰よりも早く甲子園に出てきていたのだ。

そしてコーチや選手たちが顔を出すころには、すべてが終わっている。

島野さんがなにをしていたかなんて、誰も知らない。

「努力は人に見せるものじゃない」

それが島野さんの美学だったのだろう。


ぼくが島野さんの知られざる姿を知っているのは、ぼくもまた島野さんと同じように、毎朝球場に早出していたからだ。

チームメイトがいない甲子園のグラウンドには、ほとんどいつも島野さんがいて、黙々とグラウンドをならしている。

その姿を横目にぼくはトレーニングルームに向かい、ひたすら筋トレをするわけだ。

トレーニングを終えて球場内の通路を歩いていると、島野さんとすれ違うことがある。

「お疲れさまです。今日も見ましたよ」

そう言うと、島野さんは照れくさそうに笑って、こう返すのだ。

「俺も見とったぞ。おまえ、今日もやっとったな」

こういう会話が何度かあって、気がつけば距離が縮まっていた。

昔気質の島野さんは、曲がったことやいい加減なことがきらいで、勝負にとにかく熱い。

だから、努力をしない選手のミスにはとても厳しい。

そんな選手が生意気なことを言いだすと、もう許さない。

ぼくもいつもの調子で生意気を言ったりしたけど、まったく怒られなかった。

それは島野さんが、「宇宙人シンジョー」の本当の姿を知っていたからだ。


柏原さんが師匠なら、島野さんはぼくにとってのよき理解者。

島野さんは2007年に亡くなられたが、ぼくはいまでも頭が上がらない。

というのも一度、大きな悩みを解決してもらったことがあるからだ。

阪神きっての人気者になったぼくのまわりには、いつも大勢の人たちが集まって収拾がつかなくなった。その中の「コワいお兄さんたち」の一部が、暴走するようになった。

「これが続いたら、とても野球どころじゃない……」

あるとき意を決して島野さんに悩みを打ち明けたら、

「そういうことなら、俺にまかせとけ」

それからしばらくして、トラブルはぴたりと収まったんだ。

なにをしてくれたのかわからないけど、島野さんがぼくのピンチを救ってくれたことは間違いなかった。

島野さんとの淡々とした付き合いから、ぼくは多くを学んだ。

口とは違って、背中はものを語らない。でも、背中だから通じあうものがある。

「努力は人に見せない」

島野さんの美学をこれからもつらぬきたい。

第3章

無謀なチャレンジと世界一の守備論

甲子園もメジャーも空き地も一緒

日本14年、メジャー3年の現役生活で、ぼくは一度もシーズン打率3割に到達したことがない。

記録と記憶で、ここまでギャップがあるプロ野球選手はいないかもしれない。

メジャー挑戦を決めたとき、スポーツ新聞に「日本の恥」と書かれた。そう書かれるということは、多くの人が「新庄は通用しない」と思っているということだ。

まあ、無理もないよね。当時、すでに野茂さんがメジャーで活躍していたけど、野手でアメリカに渡った選手はまだいなかったから。そんなメジャーに、ぼくとイチローくんが同時にチャレンジすることになった。

「あのイチローでもどうなるかわからんのに、新庄じゃ無理だろう」

そんなふうに思われていることは、ぼくもわかっていた。

でも、ぼくは結果を出したよ。

メッツで1年目から四番を打ったんだ。すごいよ、日本から来た年俸2200万円の新参者が、あのマイク・ピアッツァを押しのけて四番に座ったんだから。

ジャイアンツでは、ワールドシリーズにも出場した。でも、ぼくがひそかに誇りに思っているのは、3年間の通算打率だ。

2割4分5厘。

阪神時代の通算打率、2割4分8厘とほぼ変わらん。

「新庄は通用しない」って言ってた人、どこ行った？

たしかにメジャーはすごい世界で、最初はぼくも怪力自慢の大男たちに圧倒された。全力でバットを振り込んでいたら、バレンタイン監督がやってきて「そろそろ本気で振ってもいいんだぞ」と言われて、返す言葉がなかった。

環境が全然ちがうところに行ったら、とまどいだらけで本来のフォームを忘れてしまうもの。でも、ぼくはいつものスタイルをつらぬいたよ。

それは現地の報道にも表われている。

手厳しいことで知られるニューヨークのメディアが、いつからかぼくのことを「SHI

ＮＪＯＹ（シンジョイ）」と呼びはじめたんだ。メジャーでも、ベースボールを楽しもうとするぼくの姿勢が伝わったんだ。

思えばぼくは、少年時代からずっと同じスタンスで野球をやってきた気がする。

小学5年生のとき、ぼくが仲間を集めて結成した「長丘ファイターズ」は、小学校の隣の空き地で毎日陽が暮れるまでボールを追いかけていた。

プロ野球選手は子どものころ、エースで四番というのが相場だけど、ぼくはあのころから2割5分くらいの選手だったと思う。高校の西日本短大附属でも、そうだった。ぼくはちょっと変わった選手で、当時から守備に異様なこだわりを見せて、反面バッティングは「チャンスで打てばいいや」と思っていたんだ。

つまり、空き地も甲子園もメジャーも札幌ドームも、ぼくにとっては同じなんだ。

そう、野球少年のままプロ野球選手になり、メジャーリーガーになっていったんだ。

親父と摩天楼を見上げた日

メッツで四番を打ちはじめたころ、親父がニューヨークにやってきた。

メジャーの四番を打つ息子を応援しようと、はるばる福岡から駆けつけてくれたのだ。

ニューヨークの空港で再会した親父は、いきなり「洗面器忘れた！」と大声をあげた。

「えっ、なに？」と聞いたら、「ここはニューヨークやろうが！」。

なるほど！「入浴」ね！ カクンとひざから力が抜けた。さすがは俺の親父！ どこにおっても変わらんばい！

ぼくは大きなアメ車に親父を乗せて、ニューヨークの街を走りだした。

マンハッタン島に入ると、親父が「ツヨシ、止まれ！ 降りるぞ！」と言いだした。

親父は大きなビルのてっぺんを指さして言った。

「これは〝ゴリラ〟が撃ち落とされた建物ばい」

親父が見上げていたのは、エンパイア・ステート・ビルディング。

あのビルが視界に入った瞬間、子どものころの思い出がよみがえってきた。

貧乏一家に育ったぼくは、一度だけ、親父に映画に連れていってもらったことがある。

そのとき見たのが、忘れもしない『キングコング』だ。

ビルの頂上に登ったキングコングが、機銃掃射を浴びて落ちていくエンディングを見て、ぼくは大泣きに泣いた。あれから20年が経ち、映画を見て泣いた福岡の小僧はいま、思い出の映画の舞台に立っている。それもメジャーリーガーになって。

そう思ったとき、ぼくは心の底から感動した。そして親父の横顔を見た。

メジャー挑戦を決めたとき、親父はものすごく喜んでくれるものだと思った。ところが違った。親父は電話口で怒鳴ったのだ。

「勝手にせい！　メジャーはおまえが活躍できるようなとこやないぞ！」

その親父がいま、四番を打つ息子の姿を見ようとニューヨークまで来てくれた。

ぼくにはそれが嬉しかった。嬉しくて嬉しくて仕方がなかった。

摩天楼をふたりで見上げた夜のことを、ぼくは一生忘れないだろう。

3年間戦い続けたアメリカのメジャーリーグ。

その過酷でありながらも、すばらしい世界について語っていこう。

メジャーリーガーという生きざま

メジャーリーグは見るものすべてが〝けた違い〟だった。

試合後はチャーター機で移動して、着いた空港の滑走路には迎えのリムジンが並んでいる。ポリスに先導されてスタジアムに向かう。

クラブハウスだって、日本のプロ野球とは比べものにならない。

ふかふかのじゅうたんが敷かれていて、そこには球団のエンブレムがドーンと描かれている。ジャグジーやジムも、もちろん完璧にそろっている。

で、個人のロッカーだって、ものすごく広い。

ぼくなんか「メジャーのロッカーって、こんなに広いんだ！」って無邪気に喜んでいたけど、年俸10億円プレーヤーになると、ひとりで3人分のロッカーが使える。メジャーに到達しただけでもすごいけど、その中でもサラリーで待遇に差をつけているんだ。やっぱりアメリカは、バリバリの競争社会だった。

チームメイトでいちばんビッグだったのは、やはりサンフランシスコ・ジャイアンツの同僚バリー・ボンズ。身体もデカけりゃ、態度もデカい。で、ロッカーだってすごいわけ。だって、あいつひとりで6人分のロッカーを使っているんだよ。ひとつ目はグラブ、ふたつ目はバット、3つ目はユニフォーム、4つ目はソファ、5つ目はマッサージ、最後に巨大なテレビがドーン！　もう王様。

滅多なことでは驚かないぼくも、バリーのロッカーには正直圧倒されたよ。

メジャーきってのスーパースター、バリーはすべてが規格外だった。

肉体もそう。大男ぞろいのメジャーリーガーの中でも、彼は信じられないくらい立派な肉体を誇っていた。とくに胸筋。とんでもなく隆起しているから、Tシャツを着ると胸のブランドのマークがビヨーン！　と伸びちゃって、もはやどこのブランドかわからない。

ちなみに彼の服はすべて特注。全身がムキムキの筋肉に覆われていて、それでいて頭が小さいものだから、まるでアニメのキャラみたいだったよ。

バリーのことはさておき、ゴージャスなクラブハウスにひしめくメジャーリーガーの生態はとても興味深いものがあった。

家にいると家族サービスをしなきゃいけないせいか、みんなは羽を伸ばせる遠征が大好き。ホームゲームでも、集合は昼過ぎなのに朝8時くらいからクラブハウスに顔を出す。お気に入りの曲を大音量で流して、くっちゃべったり踊ったりするわけだ。

そこで他愛もない出来事が次々と起きる。

あるときぼくの近くで4人が袋に入ったポテトチップを食べている。ひとりずつ手を突っ込んで、4人で袋をまわしているわけ。それを見て、なんて面倒くさいことやってるんだと思って、バサッと〝パーティー開け〟にしてあげたら、みんな目をまん丸くしていたよ。

「オーマイガーーーー！　ジャパニーズ、テクノロジーーーーー！」

もう絶叫の嵐。そんなに騒ぐことじゃないのに。

ロッカーと同じように飛行機の席にもランクがある。

レギュラークラスはひとりで3席独占。横になって爆睡する。

ルーキーやマイナー上がりは、ひとり1席。

豪華なチャーター機といっても、そこはメジャーの大男。1席では正直つらい。

ぼくもメッツに入り立てのころは1席だった。でも、メッツで四番を打ちはじめると、席はすぐに広くなった。マネージャーがＳＨＩＮＪＯと書かれたシートをつくってくれて、窮屈な1席から横になれる3席に格上げされた。

年齢なんて関係なし。待遇はすべて結果次第。

それがアメリカの、メジャーリーグの流儀なんだ。


強烈な光に照らされるメジャーリーグ。照らされる光が強くなるほど、そこにできる陰は濃いものになる。

メジャーリーガーたちは、身体を犠牲にしながら日々の戦いに挑んでいた。

これはまぎれもない真実。というのも、ぼくがいたころのメジャーはステロイドによって汚染されていたからだ。

ぼくら選手には、ステロイドをやっている選手がすぐにわかる。というのも、頭や背中に副作用の症状が出はじめるからだ。肝臓だって悪くなる。

一度、彼らにステロイドについてたずねたことがある。

「身体を壊してまでやる意味はあるのか?」と。

すると彼らは顔色ひとつ変えずに、「いいんだ」と言う。

「俺の仕事は、短期間でいいからメジャーで大活躍して、ファミリーに財産を残すことだ。そのためなら、身体が壊れるくらいなんてことはないんだ」

ぼくは「1年で10億も15億も稼いでいるんだから、もう十分じゃないの?」と思いながら、ただただ「すげえ世界だなあ」と圧倒されていた。

マイナーリーグに生きる

メッツからジャイアンツへ、そしてまたメッツへと復帰したメジャー3年目、ぼくは初めてマイナー暮らしを経験した。

メッツでの1年目にもマイナーで試合に出たことはあるけど、それはあくまでも調整のため。今度は成績不振でマイナーに送られたのだ。プレーすることになったのは、メジャーの下の3A。日本にやってくる助っ人外国人の多くがプレーしているところだ。

メジャーに慣れたぼくにとって、マイナーは笑っちゃうくらい大変な世界だった。

なにがって、移動のバス！

ポンコツのマイクロバスに大男たちがギッチギチに詰め込まれて、気をつけの姿勢で固まって座るわけ。しかもね、ひざの上に大きな荷物を抱えなきゃいけないんだ。そんな窮屈な格好で、ひどいときは10時間を超える長旅を強いられる。

ぼくにはその経験が逆に新鮮で、最初はおもしろがってやっていた。でもね、すぐにつらくなってきた。だって、バスにはトイレもついてないんだよ。

ちなみに次の試合の先発投手は、座席じゃなくてバスの床に横たわる。

「ひどい!」って思うでしょ? でも床で眠るのは、ものすごく恵まれているんだ。だって、足を伸ばせるからね。その姿を、ぼくたち野手は「いいなあ……」と眺めているわけ。ほとんどコメディだよね。

そうそう、バスは渋滞に巻き込まれることもあって、プレーボール直前に球場に着くこともある。そんなときは、ウォーミングアップなしでプレーしなきゃいけない。

なにからなにまで大変なバス移動、あれはベースボールというより〝ガマン大会〟だよ。


マイナーの過酷さは移動だけじゃない。

試合後は穴だらけのぼろぼろのバスタオル1枚を、3人でまわして使う。

支給される食事はうすい食パン1枚だけ。イチゴジャムかピーナツバターを塗っていいけど、2枚食べると怒られる。

一応、飲み物も出るけど、水道水でうすめたようなスポーツドリンク。これは2杯まで可。

そうそう、選手ひとりが使えるロッカーなんて、左右10センチくらいの幅しかない。そこにバットを置くんだけど、取りだすのにひと苦労するわけ。身体をかがめて必死になって腕を伸ばして、バットを……ってやってる自分が情けなくなってくる。

ずいぶんひどい待遇だけど仕方がない。快適な環境になったら、ハングリー精神がなくなっちゃうからね。


そんなマイナーの日々でも、ぼくは恵まれていた。

だってぼくはメジャーでの実績があるし、すでにたくさん稼いでいるから。

加えてマイナーのコーチにはメジャーのころのチームメイトもいて、ぼくのことをリスペクトしてくれている。だから、ちょっとだけみんなとは違っていたんだ。

メジャー暮らしが抜けないぼくは、パン1枚の食事に反発して、ひとりでハンバーガーをいくつも買って食べていた。

でも、そのうち申し訳なくなってきた。チームメイトのみんなが、じっとぼくのことを見つめているからだ。

そこでぼくは、通訳に頼んでチームメイト全員分、たしか20人分くらい、ハンバーガーとステーキを買ってきてもらった。

「今日はみんなで食べてよ！」と振る舞ったら、すごい勢いでガツガツ食べはじめて、その姿に涙が出てきた。

「みんな、そんなに食べさせてもらってないのか……」って。

そういう、マイナーのチームメイトにはアルバイトをしている選手もいた。

野球だけでは家族を食わせられないから、忙しい合間を縫って3時間だけ、ガソリンスタンドで働いていたりする。

こういう厳しい環境の中で死にもの狂いで戦って結果を出すと、メジャーから声がかかるときもある。

ぼくがメジャーにいたころも、ちょくちょくマイナーから上がってくる選手がいた。

彼らには、ある共通点があった。獲物を狙う獣のような、するどい目つきをしているんだ。

マイナー暮らしを経験して、その理由がわかった。

あの過酷すぎる環境の中でチャンスをつかんだんだ。そりゃあ、必死になるよ。

そもそも、野球で夢をつかもうとする人たちには、貧しい人も多い。小さなボートに乗って、嵐を越えてマイアミにたどり着いたキューバ人もたくさんいる。

そういう男たちが、限られたチャンスに人生のすべてをかける。与えられるチャンスは1打席、多くて2打席。

打席に立つ彼らの胸には、悲壮な覚悟が宿っている。

「家族のために、子どものために、死んでも打つ！」

でも、力が入りすぎて、ドンづまりのピッチャーゴロになったりする。

たった一度のチャンスをつかめず、ベンチに帰ってきておいおいと声をあげて泣く。

そういう壮絶な光景を、ぼくは何度も見てきた。

その姿があまりにも痛々しくて、むしろクビになったほうが、これからの人生楽なんじゃないかと思ったぐらいだった。

こうした過酷な戦いを乗り越えた男だけが、メジャーの星をつかめるんだ。

こいつらを日本一にしてあげたい！

メジャーから日本球界に復帰するにあたって、ぼくには3つの選択肢があった。

まずは巨人。当時の原監督に「一緒にやろうよ」と誘ってもらって、テンションが上がった。昔から原さんのこと好きだったからね。

次はロッテ。新監督になるボビー・バレンタインが「もう一度、きみと野球がしたい」と言ってくれて、これもまた嬉しくなった。

「もう一度」というのは、ボビーはメッツ時代の監督だったからだ。彼は日本人を評価してくれていて、困ったときに助けてもらったこともある。

で、3番目が日本ハム。うーん……、ここはパッとしないなあ。

でも結果的に日本ハムを選んだのは、ぼくらしい理由がある。

このシーズン、日本ハムは北海道移転元年を迎えていた。

ぼくには北海道で野球をするイメージは、正直わかない。野球好きは巨人ファンばかり。

そしてチームは毎年Bクラス。

でもぼくは、そこがいいと思った。

だって逆境になるほど、ぼくは力を出せるから。

メジャーへのチャレンジがそうだったようにね。

そして、日本ハムのチームメイトに対面したとき、ぼくは素直に驚いた。

「わー、メジャーでやってた人だ……」

彼らはそんな目で、ぼくのことを遠巻きに見ているんだ。なんだかファンっぽい。

そんな彼らに、素直に好感を抱いた。実際に日本ハムはみんな仲がよくて、派閥もつぶしあいもなく、和気あいあいとしている。

そしてぼくは思ったんだ。「この気のいいヤツらを日本一にしてあげたい!」と。

人によっては、「大人しすぎるから弱いんだ」と言うかもしれない。長年、東京ドームの巨人の〝ウラ〟で試合をしてきたから、地味キャラになってしまったんだろう。でも考えてみたら、これだって逆境。ぼくの大好物だ。

札幌ドームを超満員にして、日本ハムを日本一にしてやる!

そのときから、ぼくは本気でプロジェクトを考えはじめた。

力を引きだすための「キャラ付け部長」

日本ハムに加入したとき、ぼくは32歳になっていた。もう立派なベテラン。新しいチームメイトは、ほとんどが年下だった。

そんなチームに入って、ぼくはまず自分を〝キャラ付け部長〟と位置づけた。

若手のキャラクターを引きだそうと思ったのだ。

幸い、みんなぼくのことを「メジャーでやってたすごい人」という目で見てくれている。

それならきっと、ぼくの意見に素直に耳を傾けてもらえると思った。

阪神での若手時代から、ぼくはまわりに遠慮なく振る舞っていた。

〝宇宙人キャラ〟を利用して、野村監督にもズケズケものを言った。

「なんやこいつ、えらい生意気やないか。でも〝宇宙人〟ならしゃあないか」

そんなふうに思ってもらえたら、こっちのペース。

ただ、ぼくのように自由に振る舞える選手はかなり少ない。

日本人はどうしても空気を読んでしまう。チームに入ったばかりの若手なら、なおさら。まわりをうかがうことに終始して、自分を出せなくなってしまう。

プロ野球選手の能力は、ごく一部の例外を除けばほとんど差がない。

それが大成する選手と無名のまま消えていく選手にわかれるのは、自分を出せるか出せないか、そこに大きくかかってくる。他人の目を気にして縮こまってプレーするより、のびのびプレーするほうが結果を出せるに決まっている。

このとき日本ハムは北海道移転1年目。まだ、東京ドーム時代の〝地味さ〟を引きずっていた。優勝から遠ざかっていたこともあって、大人しい選手が多かった。

そんなチームを見て、ぼくは素直に「もったいない！」と思った。

みんな、知らないうちに自分の可能性にふたをしてる。そのふたを取ってやる！

そのほうが力が出せると思ったからだ。みんなが個性を発揮すれば結果が出るようになって、チームも勝てるようになるはずだ――。

こうして〝キャラ付け部長〟の奮闘が始まったのだ。

コンプレックスを前面に押しだす
森本稀哲をプロデュース

目の前を、ひとりの若手がさっそうと駆け抜けていく。

思わずぼくは「うわ!」と声をあげた。すごくダイナミックな走りだったからだ。

それがヒチョリこと森本稀哲との最初の出会い。

チームメイトによると、ヒルマン監督期待の若手らしい。

「監督は〝バーニーの再来だ〟と言って、目をかけているようです」なんて声も聞いた。

バーニーとは、バーニー・ウィリアムスのこと。ヤンキースひと筋。走攻守の3拍子がそろった名外野手で、背番号51はヤンキースの永久欠番になっている。


それからぼくは、ヒチョリのことが気になるようになった。

チームメイトやスタッフは、ヒチョリをこんなふうに見ていた。

能力が高いのに一軍に定着できないのは、コミュニケーションに問題があるから。

不調のヒチョリによかれと思ってコーチがアドバイスしても、「試合で打てばいいんでしょ!」などと言い返すようなのだ。こうなるとコーチも「ふざけんな!」となるだろう。素直になれなくて、損するタイプらしい。

彼のパーソナルな話を聞いて、それもわかるような気がした。

ヒチョリは子どものころに円形脱毛症になり、頭髪どころかまゆ毛まで抜けはじめた。そのことでずいぶんいじめられたらしい。運動神経抜群でサッカーがうまかったが、野球に転向したのは帽子をかぶってプレーできるからだと聞いた。

いじめられた経験があるからか、ヒチョリには他人を寄せつけないところがあった。チームメイトとも、いまいち打ち解けていないようだった。その一方で、「あいつ、むっちゃ性格いいですよ」と言うスタッフもいる。

あるとき、ぼくはヒチョリに「なんで、ハゲてんの?」って言ってみた。

いままでそんなふうに話しかけてくれるヤツがいなかったからか、すぐ打ち解けた。

それで、「今日の晩飯の待ち合わせ場所は美容院ね。俺、髪切るから」って言ったら大笑い。ヒチョリはもともと明るいヤツなんだ。

美容院でヘアスタイルを整えてもらっていると、ヒチョリが現われた。

「ヒチョリ、おまえは、どんなふうにしてもらう？」とぼくはジョークを言った。

ぼくのイジリに、あいつは最高の返しをした。

「じゃあ、カミソリで剃ってください！」

こいつ、めっちゃおもしろいやん！


それからというもの、ぼくはヒチョリを弟分のようにかわいがるようになった。

同時に〝キャラ付け部長〟として、彼を売りだそうと考えた。

そこにはあいつと一緒に外野を守りたい、という思いもあった。

守備範囲が広いヒチョリがレフトを守れば、外野はさらに鉄壁になると踏んだのだ。

売りだすポイントはひとつ。スキンヘッドだ。

子どものころにからかわれた頭が、ぼくには長所に見えた。プロは顔と名前をおぼえてもらってナンボの世界。あれほどわかりやすい特徴はない。

それに美容院でのやりとりで、ヒチョリがスキンヘッドを笑いに変えられる明るい性格の持ち主だということもわかった。

そこでぼくは、ヒチョリにこうアドバイスした。
「これからは機会があるたびに、スキンヘッドをアピールするんだ」と。
北海道の人気者になりつつあったヒチョリが、全国区になった試合がある。
２００６年のオールスターだ。
神宮での第1戦を迎えて、ぼくは温めていたアイデアを実行に移した。
『ドラゴンボール』のピッコロ大魔王の仮装をさせたのだ。
80万円払って特殊メイクの専門家を呼んで準備したんだ。
もろピッコロやん！　パーフェクトな出来に興奮したぼくは、ヒチョリに言い含めた。
「今日は絶対に笑うなよ。最後までピッコロでいろ！」
こういうのは、大真面目にやらないとおもしろくないからね。
続く第2戦でも、ぼくはヒチョリに仮装をさせた。今度はカッパのようなカツラ。
この試合でヒチョリは大活躍する。
ホームランを打つわ、ホームスチールを決めるわ、やりたい放題。
キャラを全開にしたことで、ポテンシャルが大爆発したんだ。そうするつもりでぼくは仮装をやらせたわけだけど、まさかあそこまでうまくいくとはね。

さて、ピッコロになる前の、ヒチョリとの付き合いについても書いておきたい。

先にも触れたように、ぼくが日本ハムに入ったころ、ヒチョリはまだ一軍と二軍を行ったり来たりしていた。

毎日のように行動をともにしていたので、ヒチョリが二軍に落ちると、正直さびしくなる。日本ハムの二軍は千葉県鎌ケ谷市にあるので、しばらく会えなくなってしまうからだ。

ヒチョリが鎌ケ谷に行くたびに、ぼくはこんなふうに声をかけた。

「とにかく二軍で楽しんでこい！　で、誰かがケガをしたとき、いつも真っ先に呼ばれるポジションにいろ。2番手だと監督が迷うかもしれないから」

ヒチョリは気落ちしながらも、「はい！　すぐに帰ってきます！」と言って鎌ケ谷に向かうのだ。

そして2006年、ヒチョリはついに一軍でレギュラーをつかむ。

このときのことを、ぼくはよくおぼえている。というのも、ぼくが出番をゆずった試合で、あいつが大活躍したからだ。

開幕直後、3月29日のロッテ戦をぼくは欠場した。というのも、相手の先発がアンダスローの渡辺俊介くんだったからだ。あの地面から浮き上がってくるようなボールが、ぼくは大の苦手だった。打てる気が全然しないんだ。

そこでヒルマン監督に掛けあうことにした。

「監督、今日は調子が悪いのでスタメン外してください。代わりにヒチョリはどうですか? あいつ、めっちゃ調子いいみたいですよ」

ヒチョリの調子がよかったかどうか、ぼくはまったく知らない。しかし訴えが通って、ヒチョリがスタメン、ぼくはベンチになった。

この試合前に、ぼくはヒチョリを呼んで言った。

「ヒチョリ、おまえ今日の試合で人生変わるからな。今日が人生でいちばん大事な日や」

間違いなく、そう言った。そうしたらあいつ、3本もヒットを打ったんだ。

ぼくの勘はよく当たる。でも、試合前のアドバイスもよかったと思う。

ヒチョリのキャラだと、「人生を変えろ」では力が入りすぎて逆効果になると思った。だから、「人生変わる」と言ったんだ。暗示をかけるためにね。

プロ野球選手は1試合で人生を変えることができる。

猛打賞を記録したヒチョリは、その日からスタメンに定着した。

そして猛打賞の2日後、ぼくはもう一度、ヒチョリに言った。

「今日はなあ、人生でいっちばーーーーん大事な試合やからな」

ヒチョリはびっくりして言い返した。

「え？　それ、一昨日だったんじゃないんですか⁉」

「そんなことはどうでもいい。今日打てなかったら親を殺されるくらいの覚悟でやれ！」

「わかりました！　わかりました！　打ちますから！」

そうしたらヒチョリ、またやってくれたよ。あいつが貴重なタイムリーを放って、その試合に1－0で勝ったんだ。

ぼくがふたたび「いちばん大事な試合」と言ったのは、あいつが悪い意味でスタメンに慣れはじめていたから。そこでもう一度、火をつけてやろうと思ったんだ。

この試合のヒチョリを見て、ぼくはもう大丈夫だと思った。ヒチョリは試合に出るたびに自信をつけて、それがオールスターのピッコロにつながるんだ。

いつからでも人は変われる
稲葉篤紀をプロデュース

ぼくが売りだしたのは、若手ばかりではない。ベテランだってプロデュースした。東京オリンピックをめざす侍ジャパンの監督、稲葉さんもそのひとり。ここでは親愛の情を込めて、現役時代の愛称「あっちゃん」と呼ばせてもらうよ。

あっちゃんは北海道移転2年目となる2005年に、日本ハムにやってきた。ヤクルトでFA宣言をしてメジャーに行こうとしたけど、手をあげる球団がなかった。さあ、困ったというところで、日本ハムが手をあげたんだ。

だから、札幌に来たあっちゃんは燃えていたよ。

メジャーに行けなかった悔しさはあったと思う。でも、行き場のない自分を拾ってくれた、日本ハムに恩返しをしたいという気持ちが全身にみなぎっていたんだ。

ぼくと同じ1972年生まれのあっちゃんは、めっちゃいい人。努力家で、みんなにやさしくて、しかも二枚目。プロ野球界で、あっちゃんのことを悪く言う人に会ったことがない。

でもぼくは、そんなあっちゃんのキャラを変えなきゃいけないと思った。

だって、びっくりするほど真面目なんだもん。

あっちゃんには不思議な力があって、なぜか満塁の場面で打順がまわってくることが多かった。チャンスに打つことしか考えていないぼくは、それがうらやましくて仕方がない。あるとき、冗談半分で「あっちゃん、今度満塁になったら俺に代わってよ！」と言ったことがある。そうしたらあっちゃん、なんて言ったと思う。

「ほんと、代われるものなら、ツーさんに代わりたいですよ！」

チャンスで打席に立ちたくない理由を、彼はこう話してくれた。

「だって、打てなかったらボロクソに言われるじゃないですか」

実際にあっちゃんはチャンスに弱くて、そのことを思い悩んでいたのだ。思い悩めば悩むほど、結果は出なくなっていく。

悩めるあっちゃんに、ぼくはあっけらかんと言い放った。

「いやいやいや、あっちゃんが打とうが打てなかろうがニュースにならんから。俺が打てなかったらボロクソ。でも打てばヒーローになる。すべて俺なんよ。だからね、満塁になっても気楽に打席に入ればいいわけ」

するとあっちゃん、「そっかー。言われてみればそうですね」って笑っていたよ。

ぼくが言いたいこと、ちょっとは伝わったかな。

先のことなんて、誰にもわからない。それならうまくいくことだけ考えようよ。一度かぎりのその時間、楽しまなきゃもったいないでしょ?

同時にぼくは、別の角度からもあっちゃんを変身させようとした。

日本ハムに来たばかりのころ、あっちゃんはファンサービスができない選手だった。ファンの声にまったく反応しないんだ。女性ファンから「稲葉さーん♡」と黄色い声が飛んできても、見向きもしない。悪気がないのはわかるけどね。

そんなある日、あっちゃんがファンサービスができない理由がわかった。

ヤクルト時代の恩師、野村監督の「ファンに手を振る暇があったら、練習せい」という教えを忠実に守り続けていたんだ。

そんなあっちゃんに、ぼくは言った。

「あっちゃん、ちょっと待ってよ。せっかく応援してくれるんだから、少しくらい応えてもいいじゃない。ノムさんももう許してくれるよ」

それでね、試しに女の子たちに手を振ってもらったわけ。

そうしたら女の子たちは「キャー！」。大興奮よ。

あのときのあっちゃんには笑ったね。しみじみと、こう言ったんだ。

「ツーさん、どうもありがとうございます。こういうものなんですね、ファンサービスというものは」

いやいや、こんなのぼくからしたらファンサービスには入らんばい。でも、そんなあっちゃんの真面目なところが好きだったなあ。


ぼくと出会ったことで、あっちゃんはみるみるうちに変わっていった。

修行僧のようにストイックに取り組んでいた野球を、エンジョイできるようになった。

そして気がつけば、ヤクルト時代より打てるようになっていた。

ぼくが引退した翌年には、35歳で首位打者になったんだ。

これにはさすがのぼくも、びっくりした。人間はきっかけさえあれば、何歳になっても変わることができる。年齢なんて関係ない。大事なのは気持ちなんだ。

あっちゃんといったら、世界でひとつの応援スタイル「稲葉ジャンプ」が有名になった。札幌ドームがぐらぐら揺れる応援は、ここぞという場面でだけ行なわれる。

その稲葉ジャンプについて、あるときあっちゃんがこんなふうに話していた。

「ものすごい応援なので、ずっと見ていたくなります。おかげで、初球を見逃すこともあるんですよ」

満塁を恐れていたあっちゃんは、チャンスを楽しめる男になっていた。

才能を埋もれさせたくない
ダルビッシュ有をプロデュース

ヒチョリと並んで思い出深い後輩がいる。ぼくが有ちゃんと呼んでかわいがったダルビッシュ有だ。

日本ハム2年目のシーズン、彼はドラフト1位の高卒ルーキーとしてチームに加わった。ヒチョリがそうだったように、有ちゃんも独特の雰囲気を漂わせていた。ちょっとした身のこなしに、運動能力の高さが感じられる。ルックスも含めてスター性もある。

ヒチョリとの共通点は、もうひとつある。チームにうまくなじめていなかったところだ。

それは入団直後のいきさつがある。

未成年だった有ちゃんは春季キャンプ中、パチンコ店で喫煙していたところを写真週刊誌に撮られ、謹慎処分を受けた。問題児のイメージがついた彼は、コーチ陣からにらまれ、チームメイトから敬遠されていたのだ。

これだけの能力を秘めた若者が、たった一度のスキャンダルでつぶされるのは気の毒だ。そしてもったいない、とぼくは思った。

ぼくは残り少ないキャリアの中で、どうしても日本一になりたかった。それには有ちゃんの力が欠かせないのだ。

あるときぼくは、グラウンドの片隅でコーチに小言を言われる有ちゃんを見た。どうやら、タバコのことで疑われているらしい。

練習の合間に、トイレに行こうとしたところを呼び止められたようで、

「おまえ、またタバコやろ」

「いえ……」

そんなやりとりが耳に入った。

さすがにもう吸ってないだろうなと思ったけど、その日、ぼくは有ちゃんを呼び止めて、ちょっとしたアドバイスをした。

タバコを吸うにはちょうどいい、秘密の場所を教えたのだ。

「で、そこに行くときは、こっそりトリートメントを持っていきな。吸い終わったら、そ

れで匂いを消すんだ。コーチは匂いをたしかめようとするから」

ぼくも阪神時代、チームで浮いてしまった経験があるから、有ちゃんの孤独な気持ちがよくわかる。

彼はおそらく誤解を招きやすいタイプ。そう思ったぼくは、タバコを通じて「みんながみんな、きみの敵ではないんだよ」というメッセージを伝えたかったのだ。

有ちゃんは1年目から才能の片鱗をのぞかせた。

夏前には一軍に上がり、先発ローテーション入りを果たした。

ぼくはその落ち着いたマウンドさばきに感心していたが、まだまだ足りないところが目についた。それは野球のプレーではない。外見のことだ。

ルーキー時代の有ちゃんは服装や持ち物には無頓着なところがあって、そのへんの高校生と変わらないジャージ姿、移動もブカブカのスーツ姿で、ボロボロのバッグを手にしていた。

スター性は抜群なのに、身につけているもので損をしている。

そう思ったぼくは、有ちゃんに一流ブランドのバッグをプレゼントして、見た目にも気をつかわなきゃダメだよ、と助言した。

見た目が、その人の中身を表わすとは限らない。

でもぼくは、外見やイメージをとても大切にしてきた。

プロ野球選手は、みんなに見られる仕事。「あんなふうになりたい」と憧れてもらうのも仕事のうちだからだ。それに一流のものを身につけることによって、意識が高くなることもある。

才能は誰もが認めるダルビッシュ有。ぼくは〝キャラ付け部長〟として、そのあふれ出る才能をさらに引きだそうと考えたのだ。

ぼくが考える、プロ野球選手の成功の条件

1年目のシーズンを終えた有ちゃんに、ぼくはひとつアドバイスをした。

「このオフは、ちゃんと身体づくりに励むんだぞ」

ぼくの考える、成功するプロ野球選手の絶対条件というものがある。

それは一にも二にも、ケガをしないということ。才能にあふれていても、ケガばかりしていたら、肝心の試合に出られなくなってしまうからだ。

才能があり、賢い有ちゃんに弱点があるとしたら、線が細いということ。

1年目を終えたばかりの高卒ルーキーだから当然だけど、まだ身体ができていない。順調に成長していくには、ケガをしない身体づくりがなによりも大事だと考えていた。

ケガをしないという条件は、ケガに強いと言い換えてもいい。さらに言えば、気持ちが強いと言ってもいいと思う。

プロ野球選手にはいろんなタイプがいて、ちょっとの痛みですぐにトレーナー室に駆け

込む選手もいれば、多少のケガには動じず、試合に出続ける選手もいる。

活躍できるのは、もちろん後者。痛い痛いといって休んでいたら、限られたチャンスがなくなってしまうからだ。

試合に出続ける選手は、多かれ少なかれケガや痛みを持っているものだ。それでも試合に出続けて、結果を残す。それが一流のプロ野球選手なんだ。

2年目のキャンプで再会した有ちゃんは、目を見張るような身体になっていた。線の細さが消えて、見るからにたくましくなっていた。

ぼくのアドバイスが効いたのかはわからない。ただ彼がオフも怠けず、しっかりとトレーニングを積んできたのは明らかだった。

そしてこのシーズン、有ちゃんは日本ハムのエースになった。堂々としたピッチングでチームを勝利に導き、日本一の原動力になった。

ぼくが有ちゃんのプレーで感心するのは、完投の多さ。投手の分業化が進む中で、彼は一度マウンドに上がったら最後まで投げ抜く。日本ハム時代は、とにかく完投が多かった。

それを支えているのが、強い気持ちとたくましい身体。プロ野球選手はタフじゃなければ務まらないんだ。

パフォーマンスは勝てるときに

日本ハム時代のぼくは、試合前に次々とパフォーマンスを繰りだした。

それはアルファベットの登録名から、「SHINJO劇場」と呼ばれるようになる。

プロ野球界では前代未聞のパフォーマンスは、回数を重ねるたびにスペクタクルになっていった。


せっかくだから、「SHINJO劇場」をひと通り振り返ってみよう。

・2004年6月23日　○3－0ダイエー戦（福岡ドーム）『カエル』
生まれ故郷、博多の知人のリクエストもあって、試合前のシートノックにカエルのかぶりものをつけて登場した。これが「かぶりものシリーズ」の記念すべき第1弾。

・2004年7月25日　○8－5オリックス戦（東京ドーム）『スパイダーマン』
第2弾は、当時話題になっていた映画『スパイダーマン2』にあやかって。

2は「ツー」。つまり、〝スパイダーマン・ツーさん〟になったってわけ。
・2004年9月20日　○13－12ダイエー戦（札幌ドーム）『秘密戦隊ゴレンジャー』
忘れもしない、スト明け直後のゲーム。

『一昨日、昨日と試合できなくてゴメンJoy』と称して、チームメイト5人と一緒に「秘密戦隊ゴレンジャー」になって登場。

この試合が、とんでもない結末になったのは、みんなも知ってるよね⁉
・2005年5月31日　△4－4巨人戦（札幌ドーム）『新庄フェイス』
ハリウッドで活躍する日本人アーティストに頼んで、ぼくの顔がいくつも重なった図柄のかぶりものを制作してもらった。350万円もかかったよ。もちろん自費！
・2005年9月19日　●0－3西武戦（札幌ドーム）『SHINJO5』
チームメイト4人と一緒にぼくのマスクをかぶり、ユニフォームもぼくの名前、背番号1で統一した。


かぶりものは2年で卒業。

現役ラストイヤーとなった3年目は、壮大なサプライズを仕掛けた。

・2006年3月25日　○3－1楽天戦（札幌ドーム）『ハーレーダビッドソン』
ぼくのアイデアで『ファイターズ超満員大作戦』と銘打った開幕戦は、スタメンのみんなでハーレーに乗って守備位置へ。
・2006年6月6日　○3－0阪神戦（札幌ドーム）『ゴンドラで降臨』
「死をかけて危険なことをする」と予告した『超満員大作戦』の第2弾では、ドームの天井から小さなゴンドラに乗ってグラウンドに降りた。

ファンのみんなが盛り上がってくれたから、やってよかったと思ったけど、あまりの高さに死ぬかと思った。
・2006年9月15日　○5－3ロッテ戦（札幌ドーム）『大脱出イリュージョン』
ぼくが箱の中で手足をしばられ、その箱に向かってバイクが突っ込む。次の瞬間、箱の中にいたはずのぼくが、バイクの運転手になっているというマジック。


われながら「よくこんなことやったなあ」と感心するけど、「SHINJO劇場」でひとつ注目してほしいことがある。

それは勝敗。6勝1分け1敗と、パフォーマンスをやった日はほとんど勝っているんだ。

おかげでテレビや新聞には「不敗神話」とか「新庄マジック」なんて騒がれたけど、ぼくはなにもマジックを使ったわけじゃない。

タネを明かせば、パフォーマンスをしたから勝ったのではなく、勝てるときにパフォーマンスをやっていただけ。

チームの調子がよくて、しかもエース級が出てくるとき、もしくは相手の先発投手が谷間のときに合わせて、パフォーマンスを準備していたんだ。

でも、ファンのみんなはそんなことを知らないから、「新庄はすごい！」「不思議な力を持ってるんじゃないか？」ということになってくる。

チームメイトだって同じ。

最初は慣れないかぶりものにとまどっていたけど、「かぶりものをすると、なんだか勝てるぞ」という自信がわくのか、チームの雰囲気がよくなり、みんな活躍するんだ。

勝てるときにパフォーマンスをやって、実際に勝つものだから、ファンも選手も暗示にかけられていく。

ぼくは、その力を最大限に利用させてもらった。

みんなも知っているように、ファンが盛り上がるほど、ぼくは力がわいてくる。

実際に『スパイダーマン2』の試合から5試合連続マルチヒットを記録したし、『ゴレンジャー』の試合では土壇場で前代未聞の「サヨナラ満塁〝柵越え〟シングルヒット」を打ってしまった。あれにはぼくもびっくりした。

しかも、あの試合から3試合連続でホームランが飛びだしたんだ。

パフォーマンスは、しっかり計算して勝てるときにやる。

そこで勝ち続けることで、チームや個人に不思議な力、勢いが生まれてくる。

それはいつしか、本物の力になりえるんだ。

グラブへのこだわり

阪神、メジャー、日本ハムを渡り歩いた17年間の現役生活、ぼくには唯一無二の相棒がいた。それはグラブだ。

ぼくは17年間、公式戦ではひとつのグラブしか使わなかった。

プロ野球界には何年も同じグラブを使い続ける選手がいるけれど、ぼくのような17年間ひとつだけというケースはめちゃくちゃレアだと思う。

グラブについて、いつも胸に秘めていたことがある。

それは世界一の守備を見せたいのなら、自分の身体の一部のような、「世界一のグラブ」を持たなきゃいけないということだ。

世界一の守備は、世界一のグラブから生まれる。

だからぼくは、誰よりもグラブにこだわるプロ野球選手だった。

長年、苦楽をともにしたそのグラブには、ぼくだけが知る秘密があった。

グラブには通常、「ポケット」がひとつあるけど、ぼくのは3つもあったんだ。

念のために説明すると、グラブにおけるポケットとは「ボールを捕っていちばん安定するポイント」のこと。

ポケットの位置は、親指と人差し指の付け根の間あたり。

とはいえ守備位置や選手によって、その位置は微妙に変わるため、メーカーの職人さんがある程度型づけをしてくれたグラブを、ぼくら選手が木づちでポンポン叩いたり、ボールを繰り返し当てたりして、実戦用に仕上げていく。

これはかなり根気のいる作業だ。

グローブひとつにポケットひとつ、というのは昔もいまも常識だけど、常識という言葉を持ちだされると、「誰が決めたん?」と言いたくなるのがぼくの性分。

プロ入り直後、プロにしては安い8千円のグラブを買ったぼくは、3つポケットをつくろうと考えた。

なぜか。打球をいつもひとつのポケットで捕れるとは限らないからだ。

守備はいつも思うようにはいかない。

頭上を越すような大飛球を、思い切りジャンプしてグラブの先で捕ることもある。ライナーが風で急に揺れたり、バウンドがイレギュラーしたりして、ポケットから外れたところで捕らなきゃいけないときもある。

そうしたときに、グラブを思い通りに扱えなくては落球する。もしくはグラブの中でボールが不自然に動いて握りそこね、返球が遅れてしまう。ちょっと握り直すだけで、ランナーはかなり進んでしまうのだ。たとえわずかでも、不安があったらいい守りはできない。

そこでぼくは考えた。

「それならいくつもポケットがある、どこで捕っても捕りやすくて、すぐに握れるようなグラブをつくればいいじゃないか」と。

ぼくは外野手として、とくに肩の強さやコントロールを高く評価してもらったけど、その何割かはポケット3つのグラブのおかげだ。

本来、ポケットではないところで捕球しても、そこがポケットになっているから、しっかりボールが収まる。すぐに持ち変えて、落ち着いて投げることができるからね。

グラブについて、もう少し話そう。

最初にグラブは相棒と書いたけど、実際にぼくはグラブに声をかけていた。試合が終わると、いつも「サンキュー！」と感謝の気持ちを伝える。「気取ったことを」と言われるかもしれないけど、いつもそうしていた。

ぼくがいいプレーができるのはグラブのおかげ。感謝の気持ちを素直に伝えることで、次もまたグラブが応えてくれるような気がするから。

それから、型崩れしないようにゴム製の小さなラグビーボールをはさんで、ソックスバンドで留める。そうやってぼくはグラブを管理していた。

チームメイトがどうしていたか知らないけど、これも工夫しながらつくり上げていったぼくなりのスタイルだ。


若手時代はラグビーボールではなく、大きさの異なるふたつのソフトボールをはさんでいた。でも、遠征用のバッグに入れると、中のボールがずれてしまう。

道具にこだわるぼくとしては、こういうのが気になって仕方がない。

「なんとかならないかな……」と思っていたとき、たまたま寄った大型量販店でいいものを見つけた。それがスポンジ製の小さなラグビーボールだったのだ。

残っていたふたつを買って、ひとつを亀山努さんにあげたら喜んでくれた。

しばらくそれを使っているうちに、今度はもっといいものを見つけた。

ゴム製の小さなラグビーボールだ。

スポンジはちょっとやわらかすぎるが、これなら完璧！

以来、ゴム製のラグビーボールをはさんで保管するようになった。

便利になったいまの時代、野球グッズはなんでも出ている。

もちろん、グラブの型崩れを防ぐ専門の道具も売られている。

そういうのを見ると、「いまの子はいいなあ」なんて思わなくもない。

いまほど道具がなかった時代、ぼくは試行錯誤しながらグラブを育てて守ってきた。それもグラブと一緒に成長できたという意味でよかったと思っている。

ぼくが守備にハマったわけ

いまもそうかもしれないけど、ぼくらの時代、野球がいちばんうまい子は、エースで四番と相場が決まっていた。

ぼくもそうだった。自分がつくった「長丘ファイターズ」ではエースとしてマウンドに君臨していた。

でも、そこからセンターに移ったのは理由がある。ぼくがピッチャーとして、あまりにもすごかったからだ。

いま、みんなはこう思ったはずだ。

「すごかったら、そのまま続けていればよかったじゃん」と。

そう、ぼくはすごいピッチャーだった。だって、誰もぼくの球をバットに当てられないんだから。

すぐに仲間のみんなが、つまらないと言いだした。それはそうだ。まったく打球が飛ばないから、内野も外野もやることがなくて退屈していたのだ。

そんな仲間の様子を見て、ぼくは自らマウンドを降りることにした。

自分だけ活躍しても、なんだかおもしろくないからね。


ピッチャーをやめたぼくは、センターをやるようになった。

外野は飛んできた球を捕るだけでつまらない、と言う人もいるけど、ぼくはおもしろいと思った。いつも球が飛んでくるわけじゃないけど、大飛球をキャッチしたり、レーザービームで刺したりして試合の流れを変えられると、ものすごくテンションが上がった。

もうひとつ、野手にまわってよかったと思うことがあった。

守備は、練習するほど上達する。その手応えを感じられるのが嬉しかった。

相手ピッチャーの調子に大きく左右されるバッティングに比べて、守りはやればやるほどうまくなる。しかも、好不調の波が少ない。それが子どもながらにおもしろかった。

みんなが「ヒット打ちたい！」「ホームラン打ちたい！」と言っている中で、ぼくだけが「ファインプレーしたい！」と思って練習や試合に臨んでいた。思えばすでにこのころから、守備のスペシャリストだったのかもしれない。

センターだから、すべてがわかる

阪神時代は内野も少しやったけど、ぼくの野球人生はほとんどセンターひと筋だ。日本では阪神と日本ハムで計14年間プレーして、ゴールデングラブ賞を10回獲得。

「センターをやらせたら、ぼくよりうまいヤツはいないんだ」

強いプライドを持って、あのポジションを守っていた。

外野という言葉は、野球以外では「仲間外れ」とか「部外者」という意味を持つ。それはピッチャーとバッターが対決する場所から、遠くにいるためだろう。テレビの野球中継もほとんどの時間、ピッチャーとバッターばかり映している。プロ野球の中にも、「俺の仕事は打つことだ。守備は飛んできた球を捕ればいいんだろ」と考えている外野手がいるのは事実だ。

しかしぼくは、そんな外野を、センターを守ることが大好きだった。

センターはいくらでも試合の流れを変えられるポジションなんだ。ピンチで長打になりそうな大飛球をキャッチする。レーザービームで相手ランナーをホームで刺す。こうしたプレーが勝負を決めることだってある。

プロ野球ではバッターが代わるたびに、ベンチにいる外野守備コーチが外野のポジショニングを指示する。

「もっと前に」とか「右に寄せろ」とか。

しかし、阪神でも日本ハムでも、外野の動きはすべてぼくが決めていた。

ベンチから指示が出ることもあったが、違うと思ったら自分の意見をつらぬいていた。

「ベンチの指示は聞かなくていいよ！　俺が正しいんだから！」

そう言って、ライトとレフトを動かしていた。

自分の意見をかたくなにつらぬいたのはなぜか。

それは「センターだから、いちばん野球が見える」という信念があったからだ。

バッターの息づかいを感じながら、ピッチャーが投げるボールを一球一球捕るキャッチャーは、「扇の要」と呼ばれるように、ゲームがもっともわかるとされる。

でも、センターだって負けていないとぼくは考えていた。

センターだって見ようによっては扇の要。この位置からは味方と相手、すべての動きが目に見える。頭を使ってゲームを注視すれば、センターで得られる情報は数えきれないほどあるからだ。


試合が始まると、ぼくはまず、3、4球くらい見てピッチャーの調子を把握する。

センターから見ていると、マウンド上のピッチャーの状態がすごくわかる。

肩の開きがいつも通りか、それとも早いか遅いか。

リリースポイントも同様。いつも通りか、それとも前か後ろか。

もちろん制球の良し悪しや変化球の出来も手に取るようにわかる。

こうしたピッチャーの状態と対戦するバッターの特徴、さらにはそのときのスコアやランナーの有無、カウント、キャッチャーのサインといったいくつもの要素もかけあわせて、1球ごとに70通りくらいの打球をイメージしていた。

その中から、こうなりそうだなというものを選んで、守備位置を決めていた。自分のポジションだけじゃない。レフトも、ライトも。

例えば、左方向にひっぱる右バッターでも、追い込まれると三振をきらってボールを近くまで引きつけて打とうとすることが多い。そうした傾向、技術があるバッターは、右方向へのライナー系の打球になりやすいので、ライトを少し前に動かす。

そうした細かい指示を、一球一球出していたのだ。

こうした作業は慣れていないと、頭がものすごく疲れる。でもぼくは守りが好きだったので大好きだった。センターにいると、自然と頭が冴えてくるんだ。

ぼくが現役を引退した2006年、日本ハムは44年ぶりの日本一に輝いた。

そして、このシーズンの外野守備はいま振り返ってもパーフェクトに近かった。

レフト森本稀哲、センター新庄剛志、ライト稲葉篤紀。

チームメイトの3人で、ゴールデングラブ賞を独占したんだ。

それはぼくが持ち込んだ、「すべての可能性を考えて準備する守備」が根づいたからだ。

「どうして、ボールが飛ぶところを予測できるの？」

よくチームメイトや関係者にたずねられたけど、すべては考え方次第。ぼくはセンターだからすべてが見えると思って、いつも頭をフル回転させながらゲームに参加していたんだ。

究極のファインプレーってなんだと思う

野球のファインプレーというと、みんなは豪快なジャンピングキャッチや、間一髪でランナーを刺すレーザービームなんかをイメージすると思う。

こういうプレーは、見ていてとても興奮する。ファンもすごく盛り上がる。

少年時代から守備が好きだったぼくも、もちろんこういうプレーは得意だ。

実際に阪神時代には3度、リーグ最多補殺を記録している。

外野手の補殺というのは、いわゆるレーザービームのこと。

鉄砲肩が知られるようになると、ランナーが自重して補殺のチャンスは減ったけどね。

プロ野球界には、ファインプレーについてこう語る選手もいる。

「ファインプレーのように見えるうちは、まだまだ甘いね。ほんとうのファインプレーは、打球を予測して先回りしてアウトにするもの。そうなると派手な動きをしなくて済むから、ファインプレーに見えなくなるけど」

この意見、ぼくも賛成。

ピッチャーの調子とバッターの傾向、さらにはキャッチャーのサインやカウントなどから予測して、一球一球、外野のポジションを動かしていたぼくも、「ファインプレーに見せないファインプレー」にはこだわりがあった。


ただ、ぼくが考える究極のファインプレーは、もっと上のレベルだ。

2004年、日本ハムに入団して初めて札幌ドームに足を運んだぼくは、「これはいい球場だ」とワクワクした。

というのも札幌ドームは、外野がとても広い。

「ここなら、ぼくが磨き上げてきた守備が生きてくる！」と思った。

外野の守備が、勝敗をわける大きなファクターになるからだ。

加えて札幌ドームにはもうひとつ、ぼく好みの特徴がある。

それはファウルゾーンが広いということ。

「この広いファウルゾーンでアウトをたくさんとったら、ピッチャーを助けられるな」

そう思ったこともおぼえている。

ただ、それが簡単ではないこともわかっている。

並みの外野手なら、ファウルゾーンに飛んだ打球はある程度捨てると思う。「捕れる範囲で捕ればいい」と考えるだろう。

ファウルはファウル。ヒットではないからだ。その後の投球で打ちとればいい。

でもぼくは、そんなふうに割り切らなかった。

緻密な予測と身体能力を生かして、広大なフェアゾーンをパーフェクトに支配して、そのうえでファウルゾーンも目いっぱいカバーしようと考えた。

そう思った理由は、ふたつある。

ひとつは、ハードルが高くなるほどやる気が出てしまうのがぼくの性格。

もうひとつは、「ファウルになっても、その後にタイムリーを打たれたらどうするのよ」と思ったからだ。

ファウルを捕るか、捕らないか。

勝敗はそこでわかれるかもしれないんだ！

ただ、広いファウルゾーンをカバーするのは、ぼくじゃない。

左方向はレフトのヒチョリ、右方向はライト、あっちゃんこと稲葉さんのエリア。

ふたりに的確な指示を出して、難しいファウルをキャッチさせる。

日本ハム時代は守っていて、そのことばかり考えていた。

だから前にも話した通り、1球あたり70通りの打球パターンを読み込んで、レフトとライトに守備位置の指示を出す。

ファウルゾーンに飛びそうなときは、そこももちろん意識させる。

「このバッター、さっきぶつけられてるから、踏み込めないよ。ライトのファウルゾーンにふらふらっと上がるかもしれないよ」なんて。

頭の中で準備ができていれば、実際にそうなったときスムーズに動ける。

そうやってアウトにしたファウルは少なくなかった。


並みの守備なら捕れないファウルをアウトにする。

それはファンの目には、なんでもないプレーに見えるかもしれない。

でも、そのアウトによって、その後のヒットやホームランが消える可能性がある。

しっかり予測して、味方にファウルゾーンで〝ファインプレーに見えないファインプレー〟をさせる。

世界一の守備のスペシャリストを自負するぼくにとっては、それこそが究極のファインプレー。

それができたときは、ものすごく幸せな気分になった。

ピッチャーや内野手たちは気がつかなくても、ヒチョリやあっちゃんだけはわかってくれる。

ファウルをアウトにして、3アウトチェンジ。

「やったぜ!」

「ツーさん、ハマりましたね」

軽く言葉を交わして、目を合わせてニヤリ。そうやってベンチに戻っていくんだ。

新庄野球塾1――外野守備編

いつも3人の距離を保つ

外野を守るうえでぼくがいちばん大切にしてきたもの、それは3人の距離感だ。

外野手はわずか3人で、あの広いエリアを守らなきゃいけない。そのときに大事になるのが「距離」なんだ。

日本一に輝いた、2006年の日本ハムを例に説明しよう。

さっき話したように、あのときの外野は、レフト森本稀哲、センター新庄剛志、ライト稲葉篤紀というラインナップ。扇の要を守るぼくは、ふたりにいつも「互いの距離を意識しよう」と言い続けた。具体的にはこういうことだ。

例えば左中間は、ぼくとヒチョリの担当エリア。このふたりが近すぎると、左中間でふたりの守備範囲が重なってしまう。それならもう少し離れたほうがいい。そうすることでヒチョリはライン際をカバーすることができる。これはもちろんあっちゃんとの右中間も同じだ。

ただ、ぼくとヒチョリの距離とぼくとあっちゃんの距離は同じではない。それぞれの守備範囲が違うからだ。若くて走力があるヒチョリは守備範囲が広かったから、ぼくらはある程度、距離を開けてポジショニングしていた。

外野の守備は、3人の距離をつねに保つことが基本。

そのうえで、ピッチャーやバッターの調子や傾向、さらにはアウトカウント、ボールカウント、ランナーの有無、ランナーの走力といった、数限りない条件を考えながら、一球一球ポジショニングや意識を微妙に、あるときは大胆に変えていく。

これが外野守備の醍醐味だ。

ただ、3人の距離をいつも保つというのがじつはなかなか難しい。

プロ野球のシーズンは半年と長く、それぞれに好不調の波が出てくるからだ。

ぼくは、この作業が苦にならないけど、左右の相棒が集中していないときがある。

ヒチョリが一軍に定着して、レフトを守りはじめたときがそうだった。

守備力に定評があった彼の課題はバッティング。打てなければレギュラーは獲得できない。そうなると、守っていても距離を忘れてしまうことがある。とくにチャンスに凡退した後なんて、気落ちしているからぼくがいくら声をかけても守備に気持ちを切り替えられないことがあった。

そのことで、めっちゃ怒ったこともあったよ。

「おまえの気分でピッチャーに迷惑かけるな！　あいつらにも家族がおるんやぞ！」と。

まあ、そんなこともあったけど、日本ハムではうまくいったと思う。

難しかったのが阪神だ。だって、センターを守りはじめたとき、ぼくはまだ20歳。若造が両翼にベテランを従えることになったからだ。

レフトというのは打力優先、守備力が落ちる選手が守ることが少なくない。ベテランや外国人選手に試合前、「……ということで、今日もぼくの指示を守ってください」と頭を下げても、試合になると「自分の仕事は打つことだから」と聞いてもらえないことがあった。

さすがにこういうことが続くと、「それならぼく出ません！」とコーチに不満をぶつけていた。身体能力には限界があるかもしれないけど、意識ひとつで守備はある程度カバーできる。それをやらないのはもったいないと思うからだ。

外野の基本は3人の距離。それは少年野球や草野球も同じ。だから、互いを意識してポジショニングしてみよう。その中でチームワークも育まれていくはずだよ。

新庄野球塾2——外野守備編

ボールから目を切らないで背走しよう

フェンスに届くような大飛球を、猛ダッシュで背走しながらジャンピングキャッチ！

これ、レーザービームとならぶ外野手最大の見せ場だよね。

こういう打球を追うとき、多くの指導者が「打球から目を切って走れ」と指導する。

「目を切る」とは、「ボールを見ない」ということ。

うん、言いたいことはぼくにもわかる。

打球を見ながら走ると、走るスピードが落ちてしまうからね。

打球が飛んだ瞬間に落下点を判断して一目散に走れ、なんて教える指導者が多いんだ。

でもぼくは、この指導を守らなかった。

そう、打球から目を切らずに背走していたんだ。

具体的に言うと、次のような動きになる。

背走しながら、片目でボールを見つつ、もう片方の目でフェンスの位置を確認する。フェンスまでの距離は感覚的にわかっているけど、でもちゃんと確認しなきゃいけない。しっかりと肩で受け身をとらないと、ケガをすることもあるからだ。

ボールから目を切らずに背走するのは、次のような理由がある。

勘のいい人はわかると思うけど、打球が空中で変化することがあるからだ。

ぼくたちプロ野球選手は、もちろん風を頭に入れて守っている。

でも、それがどう変化するかはわからない。

とくに甲子園は「浜風」といって、ライト側からレフト側に向かって独特の風が吹く。

浜風は天気や時間帯によって変わることがあるし、高度によっても風向きが変わるから、まったく油断できないんだ。

海に近い千葉ロッテの千葉マリン（現ZOZOマリンスタジアム）も、そう。ここも強風が吹く。

野外球場ならなおさら、屋内のドーム球場でも打球が変化するときがある。

飛んだ瞬間、落下点を予測して全力疾走したはいいけど、ボールが違うところに飛んでいる。そういうことがちょくちょくあるから、目を切ってはいけないんだ。

そうそう、メジャーでも「こいつうまいなあ」と思う外野手は、ほとんど目を切らずにボールを追っていたよ。彼らは、そういうのがうまいんだ。

目を切らない背走キャッチのコツは、ボールとフェンスを同時に見ようとしないこと。ふたつを同時に見るのは不可能に近いから、片目で打球を視野に入れながら、ときどきもう一方の目でフェンスを見るというイメージ。

この目の動きは、日常生活の中でも練習できるからやってほしいな。

それから次に打球をイメージして、その目の動きをしながら走ってみる。

こういうのはやればやるほどうまくなるから、どんどん試してみて！

野球界の常識、日本の常識とされているものには、現実に合わない間違ったものが少なくない。

この「ボールから目を切る背走」もそう。

みんなは「ボールから目を切って走れ」と言うけど、それが正しいとは限らない。

常識にとらわれず、なんでも自分の頭で考えてみる。そして試してみる。

野球に限らず、そうした習慣を身につけることがとても大事だとぼくは思う。

新庄野球塾3——ファースト守備編

開いて捕ろう、バウンド送球

ファーストの守備で難しいのが、手前ではずむ低い送球への対応。

例えば、三遊間の深いところにゴロが飛び、ショートが足を動かして逆シングルでキャッチ。ここから身体を大きくひねって、ファーストに遠投する。

こういうときは送球が乱れやすい。

一塁までの距離が遠く、ボールを投げるには難しい体勢になっているからだ。

焦りも加わり、手元が狂うことがある。

こういうとき、ノーバンで思い切り投げると送球が大きく外れる恐れがある。

そのリスクを抑えるために、一塁の手前ではずむ低いボールを投げるわけだ。

これは悪くない選択。

しかし、こうした低い送球をファーストが捕り損ねるシーンは多い。

エラーが起こるのは多くの場合、ファーストの捕球姿勢が悪いからだ。

このケース、ほとんどのファーストが送球者に向かって思い切り身体を伸ばし、グラブを目いっぱい差しだして、すくい上げるようにしてボールを捕ろうとする。

送球とバッターランナーのかけっこになっているから、少しでも前で捕りたいのはわかるけど、これではキャッチできるボールが限られてしまう。

身体を思い切り伸ばしているから、グラブをバウンドに合わせにくいし、横にそれたボールにはほとんど対応できないからだ。

ファーストがボールを後ろにそらして、バッターランナーは二塁へ。

二・三塁にランナーがいたら、一気にふたり還ってしまうだろう。

こういう得点シーンは、プロ野球でもけっこうある。


じゃあ、どうすればいいのか。

一塁手のみんなにすすめたいのが、身体を開いての捕球。

身体を前に伸ばすじゃなくて、横に開くんだ。

具体的にいうと右足でベースを踏んで、左足は前ではなく左に。ボールを投げる野手に正対する形で送球に備えよう。

身体を開くことで生まれるメリットは、たくさんある。

的が大きくなるから、野手は落ち着いて投げられる。

ボールを捕り損ねることも確実に減る。身体を開くことで前後左右、さらには上下、どこにでもグラブを無理なく出せるからだ。

身体を前に伸ばさないから捕球は少しだけ遅くなるけど、そのぶんキャッチングの確実性はグンと高まる。トータルで考えたら、こっちのほうが絶対にいい。


こういう捕球をしていた選手を、ぼくはひとりだけ知っている。

巨人と横浜ベイスターズで長く活躍し、「満塁男」と呼ばれた駒田徳広さんだ。

駒田さんはファースト史上最多となる、10回のゴールデングラブ賞に輝いた名手。

やわらかいグラブさばきに定評があったけど、それだけじゃなく頭を使った守備をしていて、ぼくもいいなあと思っていた。

身体能力には限界があるけど、頭を使えばいくらでも伸ばせるところはある。

ファーストをやってるきみは、いまからやってみて！

⑪ 新庄野球塾4――内野守備編

カットプレーの無駄を省く「スピン投法」

守備には「カットプレー」と呼ばれるプレーがある。

ぼくの子どものころは、「中継プレー」なんて呼ばれていた。

例えば一塁にランナーがいて、外野を破る長打が飛びだす。一気にホームを狙うランナーを刺そうと、ショートやセカンドが外野手からの送球を捕って、ホームに投げる。これがよく見るカットプレー。ものすごくスリリングで、ファンもわく。

子どもの野球や草野球では、カットプレーで勝敗がわかれることが少なくない。外野からの送球が乱れて、カットに入った内野手が捕り損ない、ボールはグラウンドを転々……。その間に、ランニングホームランになったりする。

カットマンの位置が悪くて、送球に無駄な時間がかかることもある。

ほとんど間に合わないのに、内野手がホームに投げてしまい、バッターランナーに余計な塁を与えてしまうことも。

プロ野球のカットプレーは見ていて「すげえ！」って思うかもしれないけど、それでもぼくから見れば「もったいないなあ」と思うことが少なくない。

カットプレーには、捕球と送球というふたつの動作が含まれている。

外野からの送球を捕り、グラブの中のボールを利き手に持ち変えて、投げる――。

やってる選手は素早くやってるつもりかもしれないけど、この3つの動作がそれぞれわかれてしまっていて、無駄な時間が生まれているんだ。


ぼくは学生のころから、その無駄をなんとかしたいと真剣に考えていた。

そこから生まれたのが、これから説明する〝スピン投法〟。

カットに入る内野手は後ろからのボールを捕って、前に投げるので、身体を180度スピンさせることになる。ぼくは、そのスピンの中で捕って、持ち変えて、投げるという3つの動作をほとんど同時に素早くやってしまおうと考えたのだ。

捕って、持ち変えて、投げるをひとつずつやると、いちいち動作を止めることになって時間をロスする。しかし、身体をスピンさせる流れの中で、3つの動作をすれば、確実にロスは減るのだ。

短縮できるのはコンマ何秒かもしれないけど、その間にもランナーは前進する。1歩分でも短縮できたら、それは大きなアドバンテージだ。


ぼくが考案したスピン投法の特徴は、捕球が送球の第一歩になっているところ。外野手からの送球をキャッチしながら、上半身をするどく回転。回転しながらボールを利き手に持ち変え、回転の勢いを利用して送球する。

ポイントは、グラブの中のボールを利き手に持ち変えるところ。利き手をグラブの近くに寄せておいて、捕った瞬間、持ち変える。これを上半身をスピンさせながらやるんだ。

この動きも、日常生活の中で練習することができるよね。最初はぎこちなくても、練習すれば確実に精度は増すと思う。

すべては工夫次第。強肩じゃなくても、スピン投法で強肩の選手に負けないカットプレーができるようになるんだ。

⚾新庄野球塾5——グラウンド編

天然芝と人工芝でプレーを使いわける

「日本のプロ野球とメジャーでは、なにがいちばん違いますか?」

インスタのフォロワーからは、日米の野球の違いについて聞かれることも少なくない。

パワーやスピード、ボールの感触など、違うところはたくさんある。

でも、意外に知られていないのが芝の違い。

ざっくり言えば日本は人工芝が主流。反対にメジャーは天然芝が多いから、プレーを変えなければいけないんだ。

例えば人工芝と天然芝だと、ゴロやバウンドの質が大きく変わる。

人工芝は球足が速いから、内野手は多少深く守ることができる。これが天然芝だと球足が遅くなるから、捕ってから速い球を投げなければ間に合わない。実際に、その違いにとまどう日本人内野手は少なくない。

ぼくは外野手だったけれど、人工芝と天然芝でプレーを使いわけていた。とくにセンターからホーム、もしくは三塁に遠投するときは、芝によって全然違うフォームで投げていた。

ぼくのような右投げの場合、天然芝では最後に前に出る左足を地面につけ、思い切り踏み込んで投げる。スパイクの歯でグッと天然芝をつかむようにして、弓のように身体を思い切りしならせて投げるんだ。

人工芝では、まったく逆。左足はほとんど踏み込まず、むしろ最後にピョン！　と跳ぶようにして投げる。天然芝と同じ投げ方をしたら、腱がひっかかってケガをする危険があるからだ。

芝の違いでひとつ思いだすのは、ニューヨーク・ヤンキースで活躍した松井秀喜くんのケガ。レフトを守っていて、前方にふらふらと落ちるフライをスライディングキャッチしようとして、グラブをはめた左手首を骨折してしまった。

人工芝のグラウンドだったら、あのケガは起きなかったかもしれない。

松井くんがケガをしたのはヤンキースタジアム。ぼくもプレーした経験があるけど、あそこは天然芝がとても深くて地面が大きく波打っている。アメフトやサッカーも行なわれるから、見た目以上に凸凹があるんだ。その波打つ地面に、差しだした左手がひっかかってしまったようだ。

かなり難しい打球だったのは事実だけど、グラブを身体の脇に固定するような形で早めにスライディングしていたら捕れたかもしれない。キャッチできなかったとしても、大ケガはしなくて済んだのではないかと思う。

⚾ 新庄野球塾6——打撃編

バッティングフォームはどうすればいいの？

ぼくがインスタでやっている野球塾は、そのほとんどが守備のアドバイス。

だってぼくは、世界一の守備のスペシャリスト。守備のことなら、伝えたいことがいくらでも出てくる。

でも、たまにフォロワーから「バッティングについても教えてください」「どうしたらホームランが打てますか？」なんて質問が届く。

バッティングか……。いつでもどこでも2割5分だったぼくに、教えられることってあるかなあ……。

プロ野球の世界には、ぼくよりすごいバッターがたくさんいた。

例えばタイトルをたくさん獲ったすごいバッターがいて、その人は腰をほとんどひねらず、上体だけで打球を飛ばす。まったく力感がないフォーム。名人芸のようなバッティングだった。

試合で、その人のバッティングを見るたびに、ぼくは「うまいなあ。あんなふうに打てたらいいいなあ」と感心していた。

実際に、試したこともある。

全身の力を抜いて、上体だけの力で軽くボールをミートする。やってみると意外にもすぐにマスターできて、「これ、試合でも使えるんじゃないか」と思った。実際に、試合でやってみたところ感触がいい。

「よーし、しばらくはこれでいってみるか！」

おもしろいようにヒットが打てる気がしたんだ。


でも、すぐにおかしくなった。

何試合かすると、ボールが思ったように飛ばなくなってしまった。しっかりとミートしているつもりなのに……。

その原因は自分でも、すぐにわかった。

〝新庄剛志〟が降りてきたんだ。

頭の中から消えていたはずのぼくの感覚が戻ってきて、完コピしたはずのその人のバッティングを邪魔する。

その人は腰に力を入れずに、軽いフォームで打球を飛ばす。でも、ぼくは腰を入れてしっかりとバットを振る真逆のフォーム。

「腰はどうするんだっけ?」と、チンプンカンプンになってしまったんだ。

で結局、ぼくは子どものころからやってきた〝新庄剛志のフォーム〟に戻すことにした。戻すことにしたというか、勝手にそうなってしまったわけだ。

ぼくに限らず、打撃フォームの改造はこうしたパターンをたどることが多いようだ。

最初はうまくいくように感じるけれど、やがて長年染みついた自分のフォームが降りてくる。頭では忘れたつもりでも、身体が忘れていないんだね。

若手時代、阪神の偉大な先輩である田淵さんや掛布さんをマネしていたら、上半身は掛布さん、スイングは田淵さん、そこに新庄剛志が入ってきて、なにがなんやらよくわからん! どげんしたらよかとや! って、頭が爆発しそうになったこともある。

インスタを始めてから、ファンからのバッティング・スキルについての質問がかなり多いことは意外な発見だった。おかげで現役時代の記憶がよみがえってきて、教えることがおもしろくなってきた。ぼくのアドバイスでも参考になるのなら、すごく嬉しいよね。

SHINJOドリームチーム

第4章

SHINJOドリームチーム構想

プロ野球界への現役復帰をめざすいまのぼくには、その先の大きな野望がある。

理想のチームをつくって、ファンにも選手にも、もっとみんなに野球を楽しんでもらいたいんだ。

現役時代の最後の3年を過ごした日本ハムでは、みんなも知っているように、ひとりでいくつもの役目をやっていた。

選手としてグラウンドで活躍しながら、才能ある若手の面倒を見て、その一方でイベントをプロデュースして、パフォーマンスもやっていた。

だから経験はあるし、アイデアだっていくらでもある。

よし！　やると決めたら、いまから動きだそう！

まずは名前から。

ぼくの夢のチームだから、「ＳＨＩＮＪＯドリームチーム」。これで決まりだ。

名前が決まったら、カッコいいエンブレムも考えなきゃね。


日本ハム時代のぼくは、前例のないアイデアを次々と提案した。

最初はきっと、まわりの人たちも迷惑したと思う。

でも、前例のないことにチャレンジするから盛り上がるんだ。

登録名を「ＳＨＩＮＪＯ」というアルファベットにしたのは球界初。

かぶりものをしてシートノックをやったのも、ぼくが第一号だ。

襟つきのアンダーシャツでゲームに出たこともある。

これについてはリーグから禁じられたけど、トライを重ねてプロ野球界に新しい風を吹き込んできたつもりだ。

前例にしたがって「ああしなきゃ」、「こうしなきゃ」という考えばかりになったら、プロ野球界はおもしろくならないからね。


世界一自由で楽しいＳＨＩＮＪＯドリームチーム。

みんなも、ぼくのフリーダムな発想についてきてよ！

外野はふたりで守り抜く！

もしぼくが監督をやったら――。

現役復帰をめざしているいま、「そんなこと考えてる場合じゃないだろ！」とみんなに突っ込まれるかもしれない。

でも、考えるだけならいいよね。

長く温めてきた、おもしろいアイデアがあるんだ。


ぼくが監督をやるとしたら、ひとつ決まっていることがある。

それはベンチで見ているぼくが、心の底から楽しめる野球をやるということ。

ベンチから見ていてつまらない試合をしていたら、毎日が退屈になっちゃうからね。

では、ぼくが心の底から楽しめる野球は、どんな野球か。

みんなはヒットやホームランがポンポン飛びだす、壮絶な乱打戦を見たいと思うかもしれない。でもぼくは、たくさん点が入るゲームはあまり好きじゃなかった。大雑把でテンションが下がってしまうから。

ぼくが好きなのは乱打戦とは正反対。守備の野球だ。

だってぼくは、守備のスペシャリスト。打撃のことはいまいちわからないことも多いけど、守備だったらなんでも知ってるよ。いくらでも教えられるからね。

守備の野球で頭に思い浮かぶのが、日本ハムが日本一になった2006年のソフトバンクとのプレーオフ第2戦。

日本ハムは八木智哉、ソフトバンクは斉藤和巳くんというふたりの先発投手が一歩も退かないピッチングを見せ、バックの守備もほぼ完璧。最後にヒチョリが果敢な走塁を決めて、サヨナラで日本シリーズ進出を決めた一戦だ。

ぼくが監督をやるなら、あんな試合をやりたい。

1点をめぐる緊迫した攻防は、見ているファンも一瞬も目が離せない。

こういう試合は球場にピンと張りつめた空気が漂っていて、ファインプレーが生まれやすい。選手が五感を研ぎ澄ませているからね。

なんだか想像するだけでワクワクするよね！

こういうスリリングな野球をやるためには、守備のスペシャリストを集めなきゃいけない。誰がいいかなあ……。

考えているうちに、自分が試合に出たくなってきた。

現役復帰を本気でめざしているんだから、ちょうどいいや。

外野は新庄剛志、それからイチローくんにも入ってもらう。

外野は、このふたりでいいんだ。

最初に書いた「おもしろいアイデア」というのが、これ。

前代未聞の外野ふたり体制だ！

「また、新庄がノリだけでしゃべってるよ」

そんなアンチの声が聞こえてくるけど、これは昨日今日思いついたわけじゃない。

現役のころから、「やれるんじゃないの？」と思っていたアイデアなんだ。

外野ふたり体制には、ちゃんとした勝算がある。

外野をふたりにしたら、ひとりを内野にまわすことができる。

そのひとりを有効に使うというのが、このアイデアのおもしろいところ。

例えばセカンドベース付近に配置することで、サードとファーストはライン際を抜かれないポジションをとることができる。

そのうえで、一二塁間、三遊間も間隔をつめて守ることができる。

こうなるとゴロで内野を抜くのは至難の業。

「センター前、抜けた！」という当たりも、

「いやいや！　5人目の内野手の正面でした！」なんてことになるだろう。


内野5人体制を敷くことで、外野はふたりで対応することができるはずだ。

ゴロで抜けるヒットが少ないということは、外野に飛ぶ打球のほとんどはライナーかフライということになる。

ライン際を抜ける鋭い打球も、まずないと見ていい。サードとファーストがライン際を警戒しているからね。

となると、ふたりでカバーするエリアはある程度絞り込むことができる。

それに加えて、ぼくが現役時代に磨いてきた「打球を予測する力」、それにぼくたちふたりの強肩と脚力があれば、広大な外野をふたりで守ることも不可能ではないはずだ。

ふたりだから、ファインプレーの連続！

ヒット性の当たりも、「なんで新庄、あそこに守ってたんだよ！」ってどよめきが起こるはずだよ。


そうそう、5人シフトの内野の選手も決めておこう。

外野と同じように、こちらも守備のスペシャリストで固めたいね。

よし、決めた！

小坂誠さんだ。小坂さん5人体制だ！

小坂さんは、ロッテ、巨人、楽天で活躍した守備の名手。

ボールへの反応にグラブさばき、身のこなしに送球と、すべてが超一流。

同じリーグで戦ったのはわずか2年だけど、小坂さんのところに飛んだら、ヒット性の当たりもほぼアウト。一緒にプレーできたら、おもしろいだろうなと思っていた。

小坂さんレベルの内野手5人で内野を守って、外野はツーさん＆イチローくん。

これで試合をやったら、毎試合ファインプレーの嵐だよ。

ファンもたくさん入って、子どもたちは「ぼくもあんな守備をしたい！」となって、守備のステイタスが上がるんじゃないかな？

そうやって日本の野球を変えていけたら最高だよね。


守備は完成したから、最後に攻撃についても考えてみよう。

イチローくんと小坂さんがいれば、たぶんこっちもなんとかなる。

イチローくんのテクニックは言うまでもないし、小坂さんはバントがとてもうまい。そして、このふたりは足がある。

イチローくんが出塁して、小坂さんがつなぐ。足でも敵をかきまわす。

そしてチャンスにぼくが登場！

「ランナーがいないときはダメ夫ちゃん」かもしれないけど、「チャンスになったらヤル夫ちゃん」。絶対に期待に応えるから。

こんな試合ができたら、プロ野球は絶対に盛り上がるよ！

世界最高のアーティストを呼ぶ！

サンフランシスコ・ジャイアンツ時代、ぼくはワールドシリーズに出場したことがある。

スタジアムはもちろん、移動でも練習場でも信じられない数のファンやメディアがいて、「これがワールドシリーズか……」と圧倒されたことをおぼえている。

なにより印象に残ったのが、試合前の国歌独唱に出てきたアーティストが、めっちゃうまかったこと。

「うわあ、すげえな、この人」と感動していたら、チームメイトが教えてくれた。

「彼女、ホイットニー・ヒューストンっていうんだよ」

それならぼくにもわかる。通りでうまいはずだよ！

アメフトのスーパーボウルでは毎年のようにハーフタイムショーに「誰が歌うか」で盛り上がるけど、ワールドシリーズにも、それに似たステイタスがあるんだ。

アメリカは、エンタメさせたら世界一。

ぼくはSHINJOドリームチームに、このアメリカ方式を導入したい。

一流アーティストを呼んで、試合の合間に歌ってもらうんだ。

ビヨンセでもいいし、テイラー・スウィフトだっていい。

これをね、ホーム全試合でやる。もちろん毎試合、違うアーティストで。

そうすると、試合にものすごいプレミアがつくはずだ。

最初は「ぜひとも、この日に出ていただけないかと……」とこちらからお願いして出演してもらうけど、そのうち向こうから「ぜひとも、私に歌わせてください」というオファーが殺到するはずだ。世界中で話題になるからね。

こうなったらスポンサーもバンバンつくはずだよ。

こういう提案をすると、必ず反対意見は出てくるだろう。

「野球そっちのけで、ライブに力を入れて本末転倒じゃないか!」

これ、現役時代も言われたよ。

でも、振り返ってみてよ。ぼくが派手なパフォーマンスをやったとき、日本ハムはほとんど勝っているから。

もちろんぼくは、試合がいちばん大事だってことは百も承知。

派手なパフォーマンスをして試合に負けたら、それほど恥ずかしいことはない。だから、ものすごい集中力でプレーしていたんだ。

有名なアーティストばかりを呼ぶから、最初は野球を見にくるファンよりも、ライブを見に来るファンのほうが多いかもしれない。

それでもぼくは構わない。

自分を知らないファンばかりだったら、選手は必ず奮起するはずだから。

「それなら絶対に俺の名前をおぼえてもらう。この打席が勝負だ！」

「試合中、必ず一度はファインプレーしてやろう！」

「お立ち台に上がって、ニュースになるコメントするぞ！」

そんなふうにプロ意識を駆り立てられるだろう。そうした中からスターも生まれる。

「あいつには負けないぞ」とチームの競争意識も高まるはずだ。

こうやって日本ハムも勝ったわけだからね。

みんなに伝わる、わかりやすい言葉で

現役時代、プロ野球界の常識に染まらず、天真爛漫に振る舞って（みせて）いたぼくは「宇宙人」なんて呼ばれた。

話す言葉も独特の言い回しから「シンジョー語」。

もちろん、すべては計算の上。

天然を装いながら、記者やカメラの前では、

「なにを言ったらファンや記者は喜ぶだろう」

「明日の見出しはこれかな？」

そんなふうに考えながらしゃべっていた。

その目的はひとつ。ファンのみんなを楽しませるためだ。

シンジョー語をファンが楽しんでくれたら、野球界がもっとにぎやかになる。

そしてファンがたくさん球場に来てくれるほど、ぼくは力が出せる——。

超ポジティブなサイクルを、頭の中に描いていたんだ。

現役を引退して13年、いまぼくがしゃべっている〝シンジョー語〟は、現役時代のそれとはちょっと違うかもしれない。

明るく楽しくしゃべっているのは同じだけど、いまは現役時代に比べ「みんなに伝わる、わかりやすい言葉」を意識するようになった。

しゃべりが変わった大きな理由が、ひとつある。

インスタだ。

2019年から始めたインスタで、ぼくは野球の動画をアップするようになった。

そんなつもりはなかったけど、若い人たちの「練習法を教えて」とか「動きを見せて」という声に応えて始めたんだ。

期待されたら期待以上に楽しませたくなるのが、ぼくの性分。

「よーし！　とっておきのプレーを見せてやるぞ！」

始めたときのハイテンションは、いまも変わることがない。

この〝インスタ野球塾〟では、とくに「みんなに伝わる、わかりやすい言葉」を意識している。

というのも、ぼくが野球を伝えたいのはアマチュアの人たち、とくに野球を始めたばかりの少年少女たちだから。

日本で野球をやっている人たちは、ほとんどがアマチュア。

ぼくがそうだったように、プロ選手も最初はみんなアマチュアから歩みだす。

野球界が長く元気でいられるかどうかは、アマチュア次第なんだ。

そのアマチュア野球が少しでも盛り上がってほしい。

そんな思いで、ぼくは〝インスタ野球塾〟を続けている。もちろん、プロ野球選手が参考にできるエッセンスも盛り込んでいるけどね。

これは野球に限った話ではないけど、野球界には「一部の人にしか伝わらない難解な言葉」で野球を語ろうとする人が少なくない。

ものすごくもったいないと思う。

だって「わかる人だけわかればいい」という姿勢は、まわりに壁をつくってしまうから。

バリ島に住むぼくの耳にも、「野球人口が減っている」という声は届く。

それならなおさら、みんなに伝わる言葉で野球の楽しさを表現したいと思う。

お立ち台で「そうですね」は言わない

日本ハム時代、ぼくが力を入れたのはパフォーマンスだけじゃない。

試合直後のヒーローインタビュー。これも「変えなきゃいけない！」と思った。

なぜって、コメントがものすごく地味だから。

例えば。

終盤に勝負を決める逆転タイムリーを打った選手が、お立ち台に呼ばれる。

——連敗を4で止める、値千金のサヨナラヒットを打ちました、○○選手でーす！

（手を振りながら大歓声に応えて）「ありがとうございます！」

——チャンスで打席がまわってきたときの気持ちは？

「そうですね……やるしかないと思いました」

——すばらしいヒットでした。打った感触は？

「えー……そう……ですねー……とてもいい感触でした」

——最後に、ファンのみなさんにメッセージを！

「そうですねえ……最後まで熱い応援、ありがとうございました。えー……ぼくたちは優勝をあきらめていないので、今後も応援よろしくお願いします！」

みんなはこれ、どう思う？

ぼくに言わせたら0点。だって、まったく記憶に残らないから。

おそらくぼくは、プロ野球史の中でもっとも〝お立ち台映え〟した選手のひとりだと思う。

阪神時代の1999年、巨人との首位攻防戦で敬遠球をサヨナラヒットにしたことがある。

このときぼくは、甲子園の大観衆に向かってこう叫んだ。

「明日も勝つ！」

翌日の試合は大敗したけど、それはそれ。

日本ハム時代の2004年オールスターでMVPに輝いたときは、

「これからは、パ・リーグです！」

この年のスト明け直後のダイエー戦でも。

あの「サヨナラ満塁〝柵越え〟シングルヒット」を放ち、

「今日のヒーローは、ぼくじゃありません！　みんなです！」

どう？　いま振り返っても、いいこと言ってるでしょ？


お立ち台はファンの視線が自分だけにそそがれる、スペシャルなステージ。

だからぼくは、この時間をとても大切にしていた。

プロ野球選手は、グラウンドで野球をするだけが仕事じゃない。

お立ち台で球場を盛り上げられれば、ファンは帰り道でも家族の時間でも、翌日の会社や学校でも、ぼくのことや試合のことを話題にしてくれるかもしれない。

お立ち台をきっかけにファンになって、球場に足を運んでもらえるかもしれない。

いい決め台詞が言えたら、メディアもとり上げてくれるだろう。

そう思って、ぼくはお立ち台にまったく手を抜かなかった。

グラウンド上のプレーと同じ意識で、ヒーローインタビューに臨んでいた。

記憶に残るぼくのプレーがそうであるように、記憶に残るお立ち台の決め台詞は、じつは綿密な準備から生みだされたものだ。

勝ち越し打を放ち、勝利の瞬間が迫ってくると、ぼくはベンチや守備位置でお立ち台のことを考えはじめる。

「どんなふうにでしゃべったら、みんな喜んでくれるかな……」

聞かれることはだいたい決まっているから、受け答えや決め台詞、ポーズをいくつか用意しておくのだ。

この時間が楽しくて仕方ない。

サヨナラヒットを打ったときは、チームメイトにもみくちゃにされて、そのままお立ち台へ向かうことになる。テンションは最高潮で、ものすごくあわただしい。

そんなときも、ぼくは「なにを言おうかな?」と頭をフル回転させていた。

ぼくはいつも、「ヒーローになる!」と思って試合に臨んでいたが、その中には「記憶に残る台詞を吐く!」ということも含まれていたのだ。

だから頭の中でお立ち台への準備をすることは、習慣のようなものだった。

これくらい高い意識でお立ち台に臨んでいる選手は少ない。

それは多くの選手が「ぼくらの仕事は野球をすること。お立ち台はオマケ」と考えているからだと思う。

もったいないよ。ファンを増やせる、大事な場所なのに。

プロ野球選手もキャラはそれぞれ。しゃべりが苦手な選手がいるってことは、ぼくだって知っている。でも、ぼくのように派手に決められなくても、それぞれのキャラで記憶に残る表現ができると思う。

例えば、次の2点を意識するだけでも、インタビューはかなりよくなると思う。

お立ち台で考えるのではなく、事前に頭の中で準備をする。

もうひとつは、「そうですね」と「えー」を言わないようにする。

「そうですね」が繰り返されると、テンションが下がっていくからだ。

そんな理由で、ぼくは日本ハムではお立ち台改革の手始めに「そうですね禁止令」を出した。

これは思ったより効果があった。

「そうですね」というのは、ある種の時間かせぎだ。

「そうですね……」と言いながら、頭の中でなにを言おうか考える。

その時間稼ぎができなくなって、チームメイトはあらかじめなにを言うか考えるようになった。そう、準備をするようになったのだ。

準備をするようになると、今度はそれを見せたくなる。

そこから質問を待つだけだった待ち姿勢が、どんどん前向きなものに変わっていった。

ぼくがちょくちょくお手本を見せたこともあって、

「俺も、おもしろいことを言いたい！」

「ファンのみんなを楽しませたい！」

そんなふうに積極性が出てきたのだ。

お立ち台でみんなを楽しませようとしたら、もちろん試合で活躍しなきゃいけない。

俺が！　いや俺が！　というふうに、いい意味での競争意識がチームに出てきた。

ぼくが日本ハムに加わったのは、北海道移転1年目。

だから、東京ドームで巨人の陰に隠れて野球をしていたころの、地味なイメージを引きずっていた。それがお立ち台改革によって、明るく前向きに野球をするチームに変わり、次第に勝てるようになっていった。

言葉ひとつを変えるだけで、内面や行動が変わり、やがて結果が出るようになるんだ。

ぼくは「陰のリーダー」

ＳＨＩＮＪＯドリームチームの発足にあたって、「リーダー観」を述べておきたい。チームの名前が名前だから、みんなはぼくがキャプテンをすると思っているかもしれない。でも、やらないよ。ぼくはリーダータイプじゃないからね。自分でもわかっているんだ。

たしかにぼくは、子どものころからリーダーっぽいところがあって、小学生時代の「長丘ファイターズ」結成もぼくが音頭をとった。そんなつもりはないけど、ぼくがなにかをしようとすると、自然とみんなが集まってくる。

でもね、冷静に自分のキャラを考えると、ぼくがいちばん向いているのはリーダーやキャプテンではなく、「陰のリーダー」だと思う。

プロ野球チームでキャプテンをまかされるのは、たいてい優等生タイプ。真面目で責任感が強くて、自己犠牲の精神もある選手がキャプテンに選ばれることが多い。

そのイメージにぴったり当てはまるのが、あっちゃんこと稲葉さん。実際にぼくが引退した後、2009年から3年間、日本ハムでキャプテンをやった。

ぼくは野球人生で一度もキャプテンをやったことがない。

子どものころから、「自分はキャプテンに向いていない」と自覚していた。

キャプテンになると、大勢の前で話さなきゃいけないことが多い。お立ち台が大好きなように、ぼくは話すのは苦手じゃない。むしろ大好き。でも、キャプテンは真面目な話をしなきゃいけない。それがぼくにはできないからね。

「ここはキャプテンとしてしっかりした話を」という場面になると、無性にふざけたくなっちゃうから。だから日本ハムでヒルマン監督が、ぼくをキャプテンにしなかったのは大正解!

キャプテンやリーダーといった肩書きにまったく興味がなかったぼくは、チームの先頭に立つのではなく、陰のリーダーとしてチームの中を自由に動いて影響力を発揮することが好きだった。

有ちゃんにタバコについてのちょっとした助言をしたことはすでに書いたけど、こんなことキャプテンだったら許されないでしょ？　かぶりものをはじめとした、試合前のパフォーマンスにしたってそう。

「ゴレンジャーのかぶりもので、シートノック受けたいんですけど……」

こんなこと、キャプテンだったら言いだせないし、言いだしたところでチームから止められると思う。

ぼくはキャプテンやリーダーにならないことで〝なんでもできるフリーダム〟を確保し、そのうえで陰のリーダーとして影響力を発揮するわけだ。

その役まわりは、ＳＨＩＮＪＯドリームチームでも変わらない。

キャプテンは誰かにまかせて、ぼくは舞台裏で自由に振る舞う。そのほうがグラウンドでも、その外でもチームに貢献できると思うから。

日本球界にもメジャーとマイナーを

メジャーを経験したぼくには、アメリカから日本球界に持ち込みたいものがある。

それは格差。プロ野球界にはもっと格差をつけていい。

アメリカでの体験談に書いたように、メジャーとマイナーとの間には信じられないくらいの格差がある。

その両方を味わったぼくには、日本野球界の格差が中途半端に思える。

マイナーと比べると日本の二軍の環境はかなりいいから、そこに甘んじてしまう若手や中堅は少なくない。

例えばね、二軍にはユニフォームや練習着を洗ってくれるスタッフがいて、実績ゼロの若手が脱ぎっぱなしにしたりしている。ああいうのを見ると腹が立ったよ。

SHINJOドリームチームでは、もちろん二軍も設ける。で、その待遇はもっともっと下げてしまおうと思う。

その目的は、「もう、こんなところにはいたくない！」と選手たちに思ってもらうことだ。そう思ったら、選手は死にもの狂いで練習して一軍に上がろうとするでしょ？　一軍の選手たちだって、「二度とあんなところでプレーしたくない！」と懸命に結果を出そうとすると思う。そうなると、チーム全体のレベルは確実に上がる。

変えるのは二軍だけじゃない。一軍も変えるよ。メジャー並みの待遇にするんだ。飛行機移動はもちろんチャーター機。移動のスーツも、超一流ブランドのオーダーメイドにする。クラブハウスも高級じゅうたんを敷いた広々としたものにして、トレーナーの数も増やす。

そうだ、一軍選手は髪を切っても、エステに行ってもタダにしよう。経費は球団が持つ。一軍は見られてナンボの商売。選手はみんな、外見をパーフェクトに整えて試合に出るんだ。

おかげでＳＨＩＮＪＯドリームチームの選手たちは、スタイリッシュでアイドル並みにカッコいい。これで人気爆発！　強くてモテモテの一軍選手を見て、二軍の選手たちはさらに闘志を燃やすだろう。こうやってチーム全体が活性化されるんだ。

得意なことを出しあって、チームが輝く

プロ野球の世界は、さまざまなタイプの選手が集まっている。

小技がうまくて足が速い選手もいれば、守備は超一流という選手もいる。

ホームランはガンガン打つけど、守りはからっきしという選手もいる。

それぞれタイプの違う選手の組みあわせによって、いいチームができることもあれば、まったく勝てないチームになってしまうこともある。

このあたりがチームスポーツ、野球のおもしろいところ。


メジャーでの2年目、ニューヨーク・メッツからサンフランシスコ・ジャイアンツに移籍したぼくは、バリー・ボンズと一緒に外野を守ることになった。

ぼくがセンターで、彼がレフトだ。

ボンズは言わずと知れたメジャーのスーパースター。

バッティングでは、彼の右に出るものはいない。

ただ、守備はお世辞にもうまくない。

若いころは守備もうまくて、ゴールドグラブ賞を8回も受賞したけど、一緒にプレーしたときは30代後半。動きが緩慢に見えるときもあった。

バリーと外野を守ることになって、ぼくは素直に「これはおもしろいことになった！」と思った。

というのも、お互い得意なものが正反対だからだ。

バリーはバッティングが大好きで、守備にはあまり興味がない。

一方のぼくは守備が大好きで、バッティングは守備に比べると苦手。

ということは……。そこでぼくはひらめいた！

ぼくがバリーの守備を助けて、彼にはバッティングに専念してもらおう。そう思って、こう提案したんだ。

「バリー、きみの左に飛ぶ打球は俺が全部捕るから、きみは右の打球だけ捕ってくれ。あとは打つことに集中してほしい」

「オッケー、バディ（相棒）」

守備の負担が減って、バリーは嬉しそうだった。

実際に、わずか左のフライにもまったく反応せず、ぼくが全力で走ってランニングキャッチしたことがある。

約束だから、捕らないわけにはいかない。

ぼくはシーズンを通じて、その約束を守った。

そしてこのシーズン、バリーは大爆発する。

38歳という年齢で、キャリア初の首位打者に輝いたんだ。

それはもちろん、チームの躍進にもつながった。

世界一は逃したものの、ジャイアンツは13年ぶりにワールドシリーズに進出した。

充実のシーズンが終わって、バリーはタイトルの陰にぼくの協力があったことをメディアに明かした。

「ジャックが俺の打球を捕ってくれたおかげで、打席に集中できた」と。

ジャックというのは、もちろんぼくのニックネーム。

得意なことと苦手なことは、人それぞれ。

互いに得意なものを出しあうことで、人は輝き、チームもうまくまわるんだ。

スト明け直後の大一番で起こった奇跡

前に話した通り、チャンスになるとぼくは自分でも信じられないくらいの力を発揮する。

大一番×超満員×大チャンス＝ＳＨＩＮＪＯ劇場。

この公式が、おもしろいくらいハマった打席がある。

あれは日本ハム移籍1年目の、ダイエーとの首位攻防戦。

球界再編問題から発展した、日本球界初となるストライキ明けの初戦だった。

いつもは空席が目立つ札幌ドームも、このときばかりは4万２０００人の超満員となった。

この試合に、ぼくはパフォーマンスを用意して臨んだ。

ストで試合がなくなったことで、たくさんのファンをがっかりさせてしまったと思ったからだ。とくに「子どもたちには申し訳ないことをした」と思ったぼくは、ストの合間にかぶりものを探してきて、秘密戦隊ゴレンジャーをやることにした。

つまり、ストをしてゴメンジャー。

ぼくたち選手は、ストになってしまってファンのみんなに申し訳ないと思っている。その気持ちをパフォーマンスにして伝えたかったんだ。

パフォーマンスは盛り上がったけど、試合は思い通りにはならなかった。

序盤から投手陣が打ち込まれて、一時は2－8に。だが、日本ハムも小笠原が2本、ぼくが1本ホームランを放ち、しぶとく巻き返す。

壮絶な乱打戦。9回裏を迎えたとき、スコアは9－12になっていた。

この日の日本ハムは、みんなが〝チャンスに強い新庄剛志〟のようだった。信じられない集中力でヒットをつなぎ、瞬く間に12－12の同点に。しかも二死満塁で、ぼくに打席がまわってきた。

あのときもぼくは、ベンチでひとり念じ続けていた。

「俺がヒーローになる。ヒーローになる。ヒーローに……」

頭の中には、それだけしかなかった。

そして、たしか初球だったと思う。来た球に、身体が自然に反応した。打った瞬間、それとわかるサヨナラ満塁弾。信じられない瞬間。それからの数秒間は、ほとんどおぼえていない。

われに返ったとき、ぼくは一塁ランナーの田中幸雄さんと一二塁間で抱きあっていた。前のランナーと入れ替わってしまったから、その時点でアウト。その前に三塁ランナーがホームインしていたから決勝点が認められ、サヨナラ勝ちになった。

ぼくが打ったサヨナラ満塁ホームランは、シングルヒットとして記録に残ることになった。打点は4じゃなくて1。試合後、幸雄さんはぼくに「新庄、ゴメン！」とあやまってくれたけど、ぼくは全然気にしなかった。だって、こんなに記憶に残るシングルヒット、ほかにある？　間違いない、100年語り継がれるよ！

奇跡のようなサヨナラ勝ち。誰もが狂喜乱舞する札幌ドームのお立ち台に上がって、ぼくはこう叫んだ。

「今日のヒーローは、ぼくじゃありません！　みんなです！」

これ、心からそう思っていたんだ。

だって、ファンが多ければ多いほど、舞台が盛り上がれば盛り上がるほど、ぼくはパワーが出るからね。あの奇跡のシングルヒットは、札幌ドームに来てくれた4万2000人の思いがぼくに乗り移って生まれたんだ。

ファンの力を借りよう!

「新庄さんが来てくれたおかげで日本一になれました! ありがとうございます!」

とても嬉しいことに、日本ハムファンの多くがそう言ってぼくに感謝してくれる。

そう言われたとき、ぼくはたいていこう返す。

「いやいや、みなさんが応援してくれたから優勝できたんですよ」

「みなさんのおかげで」というのは、プロ野球選手がよく口にする常套句だ。

でもね、ぼくの言葉はそんなのとは全然ちがう。本心からの言葉なんだ。


日本ハムに入団したとき、すでに32歳だったぼくは、このチームで現役生活の最後を迎えると思った。

最後は、どうしても日本一になりたい。

そのときに、「それにはファンの力を借りなきゃ」という思いがわいてきた。

ぼくが入ったばかりの日本ハムは、ファンの少ない地味なチームだった。成績もたいていBクラス。このチームを日本一にするにはエネルギーがいる。それも、とてつもないエネルギーが。それはぼくひとりで生みだせるようなものじゃない。チームのみんなの力でも難しい。それならファンの力を借りるしかない！　そう思ったんだ。

ぼくはヒチョリや有ちゃん、稲葉のあっちゃんといったチームメイトを売りだしたけど、それもファンの力を借りるため。

人気者が増えるほど、札幌ドームに足を運ぶファンが増える。歓声だって大きくなる。パフォーマンスだってそう。

ゴレンジャーやスパイダーマンのかぶりものは、本来野球とはまったく関係がない。でも、ぼくはそういうことが大切だと考えた。野球ファンだけでは〝とてつもないエネルギー〟は生まれないからだ。野球に興味のない人たちを振り向かせてこそ、なにかが始まる。それには前例のないことをやらなければならなかった。

野球に興味のない人の中でも、とくに狙った人たちがいる。子どもと女性だ。

子どもたちが野球を好きになってくれたら、親を球場に連れてきてくれる。

女性たちもそう。流行に敏感な若い女性が野球を好きになってくれたら、ファン層が一気に広がる。

子どもと女性は、ファンを増やしてくれる可能性がものすごく大きいんだ。


実際に、ぼくのパフォーマンスは子どもたちを意識したものが多かった。

例えばゴレンジャーをはじめとしたかぶりものパフォーマンスは、完全に子ども狙い。仮に野球選手は知らなくても、戦隊ショーなら子どもたち、とくに男の子は大好き。野球に戦隊ショー。アトラクションをたくさんつくって、子どもたちに球場での時間を楽しんでもらおうと思っていた。


もちろん、女性へのアピールも忘れないよ。

そのひとつが〝ヒップアップ大作戦〟。

日本ハムでのシーズンが開幕してしばらく経つと、ぼくはファンのある傾向に気がついた。いつもならライトやレフトから埋まっていく外野席が、札幌ドームではセンターに近い席から埋まっていく。それも女性ファンが多いんだ。

しばらくして、彼女たちのお目当てがわかった。それはぼく。少しでもぼくを間近に見ようと、センター付近に陣取ってくれるんだ。

彼女たちはぼくが守備位置につくと笑顔で手を振ってくれて、平凡なフライをキャッチするだけでも大喜びしてくれる。

守っているときも、彼女たちのこんな声が聞こえてきた。

「ツーくんのお尻、すごくかわいい！」

この声を聞いて、ぼくは思った。

「お尻ひとつでこんなに喜んでくれるのか。それなら、このお尻に磨きをかけるぞ！」

元々、体型に気をつかっていたぼくは、お尻にひと工夫こらすことにした。パットを入れて、お尻をキュッと上向きにしてみたんだ。これ、みんなは気づいていたかな？

ファンを増やそうとしたら、子どもと女性をつかむのが近道。そのためには、ぼくはどんなことも惜しまなかったんだ。

ぼくは1年で日本ハムを優勝させるつもりだったけど、思惑通りにはいかなかった。札幌ドームはなかなか満員にならなくて、チームも勝ったり負けたりが続いていた。さすがのぼくも「どうしたらいいんだろう」と途方に暮れたことがある。

3年目を迎えて「このままじゃいけない」という危機感を抱いたぼくは、思い切った行動に出た。

開幕直後、東京ドームでのオリックス戦で引退宣言をしたんだ。

ぼくは日本ハムに入団したときから、話題づくりのためにホームランに名前をつけていた。この試合では飛びだしたシーズン第2号に「28年間思う存分野球を楽しんだぜ。今年でユニフォームを脱ぎます打法」と命名することで、引退の意思を表明した。もちろん、試合後のお立ち台でもね。

その日から、ただでさえ騒がしいぼくの周辺は、とんでもない騒ぎになった。

「新庄は今年までしか見られない！」

日本ハムが試合をする球場には、ファンとメディアがものすごく増えて、世間からの注目度が上がりチームは大勢のファンが観ている中で試合をすることも多くなった。

これこれこれ！　これこそがぼくの狙いだった。

ぼくは引退を利用することでファンを動員して、その力をチームの追い風に変えようとしたんだ。

引退宣言からしばらく、チームの調子は上がらなかった。日本ハムの選手は注目されることに慣れていないから、力が入りすぎて結果を出せなかったんだ。でも、それも最初のうちだけだったよ。みんなは注目されることを力に変えられるようになり、いつも以上の力を出せるようになっていった。

ぼくの引退シーズンということもあって、メディアは「今日の新庄」という形でぼくのプレーをとり上げてくれるようになった。それはチーム自体の露出が増えるということ。誰かが活躍してスポーツニュースにとり上げられたりすると、「俺だって負けないぞ！」と、今度は違う若手が活躍する。日替わりヒーローがバンバン生まれる。実力以上の力が出てくるようになった。

それに勢いにかげりが出てくると、ぼくはとっておきの〝魔法〟を使った。

「今日は俺とみんなで勝負や。俺が1安打だったら、2安打以上打った選手の勝ち。なんかプレゼントやるわ。でも俺に勝ってもチームが負けたら、プレゼントは出ないからな！」

これでチームのムードはグン！　と高まった。

だってヒチョリなんか、初回からボテボテのゴロでも全力疾走。死にもの狂いで走ってヘッドスライディング。間一髪セーフになると、塁上で「よっしゃー！」とガッツポーズしてる。まるで高校球児のよう。

ベンチも盛り上がっているけど、相手チームはなんのことやらわからない。

「日本ハムベンチは、いったいどうしたんだ？　なんか異様に盛り上がってるぞ」

その試合は圧勝だったよ。魔法が効いて打線が爆発したんだ。

もちろん、プレゼントの約束はちゃんと守った。それくらいの出費、痛くもかゆくもない。優勝できれば、どんなことでもする気でいたから。

チームメートへのプレゼント作戦はともかく、ぼくが有終の美を飾ることができたのはファンの力を最大限借りることができたから。プロデュースしたのはぼくかもしれないけれど、〝とてつもないエネルギー〟を起こしたのはファンのみんな。だから、「ファンのおかげで優勝できました」というのは心からの言葉なんだ。

第5章

やりたいことは、ぜんぶやる

「なければつくる」は親父ゆずり

グラブの話でわかるように、既製品に頼らず、なんでも自分でつくったり、見つけようとする性格は親父ゆずりだ。

これまでいろんなところで話してきたように、ウチは超ビンボーだった。

超ビンボーなだけじゃなくて、かなりユニークな家庭だった。なにより親父が破天荒だったのだ。

親父は造園業を営んでいたが、仕事の仕方がかなり変わっていた。

機械の力をほとんど借りず、なんでも人力でやろうとする。

機械を使わなかったのは、お金がなくて買えなかったからかな？　そのあたりは、よくわからない。

もちろん、大きな石も職人さんと一緒にかついで運ぶ。

ぼくもよく手伝ったよ。

「おい、ツヨシ！　この石、そっちに運んでくれ」

ひとりで大きな石を抱えて運んでいく。

翌日も同じことを言われる。

「おい、ツヨシ！　この石、そっちに運んでくれ！」

結局、同じ石を往復させているだけ。いまにして思えば、そうやってぼくを鍛えていたのかもしれない。


そんな父は、いつも白いTシャツを着て働いていた。

Tシャツといっても、ただのTシャツじゃない。

衣料品店でTシャツを買ってきて、ビリビリビリ！　と力まかせにそでを引きちぎり、ノースリーブにして着るのだ。

腕っぷしが丸太のように太い父は、そでに手を通せない。

無理すれば通せないこともないけれど、そうするとそでで腕が締まってしまい、血のめぐりが悪くなってしまうらしい。

お金がなくても、工夫すればなんでもできる。

そんな父の姿を見ることで、カスタマイズ癖が身についていったのだろう。

ポケット3つのグラブと並んで、ぼくが編みだしたオリジナルグッズがある。五本指ソックスだ。いまでは珍しくないけど、ぼくの若手時代にはまだなかった。甲子園のような土と天然芝のグラウンドでは、例えばセンターからバックホームするときに、思い切り足で地面をつかみたくなる。

自分ではそうしているつもりでも、普通のソックスではどこか物足りないんだ。そんなときに思いついたのが、五本指ソックス。

親父の手伝いで履くことがあった、地下足袋がヒントになった。

当時はそういうものがなかったから、自分でソックスにハサミを入れてつくったんだよ。

モノがなければ、つくればいい。

知恵と工夫で、なんとかすればいい。

そんな親父ゆずりの精神は、ぼくの現役人生を力強く支えてくれた。

それはグラブやソックスだけではなく、プレーそのものの創意工夫につながったからだ。

いつも心の中で鳴り響く、あの歌

ぼくの心の中には、いつも鳴り響いている歌がある。

若い日はみな　何かをめざせ
秘めた力　自分じゃわからないよ
夢を大きく持とう
そうだ　とびきりでかく

答えよりもっと　大事なことは
勇気出して　自分を試すことだ
君は何かができる
誰も何かができる

熱い想い　燃やせばそれで
心も体もさわやかだ　僕らは

若い日はみな　進んでゆけよ
うしろ向くな　前だけ向いてゆけよ
それが青春なんだ
それが青春なんだ

これは小学生のころ夢中になった、野球アニメ『キャプテン』の主題歌。

ぼくは気がつくと、この歌を口ずさんでいる。いまでもね。

『キャプテン』との出会いは、10歳くらいだったと思う。

尊敬する親父が「ツヨシ、マラソン選手かプロ野球選手になってくれ」と言いだして、ぼくが「どっちがお金になるの？」と聞いたら、「そりゃ、野球たい！」と親父は言う。

それから、ぼくは本格的に野球にのめり込んだ。

そのころちょうど、『キャプテン』を知ったんだ。

アニメを一度見ただけで、ぼくは夢中になった。主人公の背番号「5」谷口タカオに憧れた（だから阪神のとき、背番号5を着けたかったんだ）。

いまなら、ドハマりした理由がわかる。

『キャプテン』には、「そんなんあるわけないやろ」という魔球は出てこない。なんでもできるスーパーヒーローも出てこない。

登場人物は、そのへんの空き地にいるような子どもばかり。

みんな野球が死ぬほど好きで、汗と涙と土にまみれて頑張っている。

『キャプテン』はぼくらと同じ、等身大の野球小僧の物語。

そういうところに、ぼくらは心をつかまれたんだ。

『キャプテン』の主題歌の中で、ぼくが大好きなフレーズがある。

秘めた力　自分じゃわからないよ
夢を大きく持とう
そうだ　とびきりでかく

答えよりもっと　大事なことは
勇気出して　自分を試すことだ

この歌詞に、ぼくは一発でノックアウトされた。

そうだ！　そうなんだよ！　ぼくは大空に向かって叫びたくなった。

自分の秘めた力なんて、自分でもわかるわけないよ！

それなら結果なんて気にせず、勇気を出して自分を試そうじゃないか！

心の底から、そう思ったんだ。

この歌は、さまざまな場面でぼくを支えてくれた。もちろんメジャーに挑戦したときも。

「みんなは、おまえなんかが通用するわけがない、と言う。でも、そんなの誰にもわからないじゃないか。勇気を出して自分を試さなきゃ始まらないじゃないか！」

そう思って、アメリカに乗り込んだんだ。

現役復帰宣言をしたいまも、もちろん心の中で鳴り響いてる。

『キャプテン』は、ぼくの人生の応援歌。いつも応援してくれてありがとう！

そして、ぼくの現役復帰を信じて、応援してくれるファンに心から感謝したい。

ぼくはスーパースターじゃない

現役時代のぼくは、ファンから「スーパースター」と呼ばれた。

たしかに派手なファッションや振る舞いは、スーパースターのように映ったかもしれない。でもね、ぼくは自分のことをスーパースターだなんて、一度も思ったことはない。謙遜ではなく。

ぼくのことをスーパースターって言ってくれるのは、「ぼくのファン」の人たちだよね。

でもほんとうのスーパースターは、誰にでも優しく、すべての野球ファンに愛されて、野球がすごい人。

それはやはり〝ミスター〟こと、長嶋茂雄さんだ。グラウンド上でのプレーも、グラウンド外での振る舞いも絵になり、しかも大舞台にめっぽう強い。

長嶋さんは球団の垣根を超えて、誰からも愛されるエンターテイナー。

そして、もちろん成績も超一流。現役時代のすべてのシーズンでベストナインに選ばれた唯一の選手。

とにかくぼくは、ヒーローになりたい！

ただその思いで17歳でプロ野球界に飛び込んで、入団3年目に阪神のレギュラーに定着。

亀山努さんとともに「亀新フィーバー」を巻き起こした。

最下位が定位置だった阪神は優勝争いに加わり、それまで空席が目立っていた甲子園は満員になった。

翌年には外野手最多の13補殺をマークし、ベストナインとゴールデングラブをダブル受賞。ついにぼくは、甲子園のヒーローになった。

でも、その喜びは長くは続かなかった。

関西のメディアは、阪神を中心にまわっている。寝てもさめても阪神。それはシーズン中だろうと、オフだろうと関係ない。

ということは、テレビやスポーツ新聞は話題がなくても話題をつくらなきゃいけない。

ぼくは、その格好のターゲットになった。

なにかと目立つぼくは、打つとニュースになり、打てなくてもニュースになった。

打ったときにニュースになるのは普通のこと。

打てないときにも話題になるのが、スターかもしれない。

いいときも悪いときも話題になる。それはそんなにきらいなことじゃない。

ところがそのうち、違和感をおぼえるようになった。

言ってもいないことが活字になり、どうでもいいプライベートばかりが話題になる。

ぼくの手の届かないところで、イメージがひとり歩きを始めたんだ。

あるとき、ぼくは行きつけの美容院で髪を切った。その日のナイターで阪神は勝った。

ちなみに殊勲打を放ったのは地元、福岡の大先輩、真弓明信さん。

翌日、ぼくはスポーツ新聞を見て絶句した。1面にこんな見出しが踊っていたからだ。

「新庄、髪切った」

マジかよ……。ぼくは深いため息をついた。

プロ野球選手が毎日、厳しいトレーニングをするのはヒーローになるため。ところが決勝タイムリーを放ったのに、どうでもいい話題が1面になっている。納得できるはずがない。メディアは売ってナンボ。でも、さすがにこれはないと思った。こんなことが続けば、チームでのぼくの居場所はなくなってしまう。

実際に、そのころからぼくはチームの中で浮きはじめていた。

グラウンドでも移動でも、チームメイトが近づかなくなった。ぼくと一緒にいると、記者やカメラマンがぞろぞろとついてきて、わずらわしい思いをするからだ。

そして、再び「コワいお兄さんたち」の登場だ。

阪神が負けた試合の後、ベンツの集団がぼくを待ち構えていたことが何回かあった。コワいお兄さんたちが、ぼくに腹を立ててぼくの車の後をずっと追ってくる。それも3台も連なり。

当時はそういう「事件」が地元ではよく知られていたから、警察も警戒していた。

新庄車、ベンツ3台、パトカー。この5台がノロノロと走ることになる。なぜって、スピードを出して事故でも起こしたら、それこそ選手生命が終わってしまう。

パトカーも、コワいお兄さんたちがなにもしない限り、ただベンツの後をついていくことしかできない。

だから安全運転でどうにか逃げ切るしかなく、早く帰りたいのに帰れない。あるときは、必死にまこうとホテルに泊まるふりをして車をホテルに駐車し、わざわざタクシーに乗り換えて帰ったこともあった。

しかし、なにごともなく無事に家に帰れた日も安心はできない。

ドアの鍵穴にガムが詰められていて、家に入れないこともあった。

あるときは車体にキズがつけられていて、それを修理するのにン十万円、とかね。

こういうことが何日も続いたときには、さすがにげっそりした。

いったいぼくはなにをしているんだろう。

そんな生活にちょっと疲れていたのかもしれない。

これもスターの宿命。そう割り切るにはぼくはまだ若く、状況は深刻だった。

毎日メディアに追いかけられることにもウンザリしていたぼくは、新しい環境を求めてアメリカに飛んだ。

プロ野球選手が輝ける時間は限られている。こんなプレーに集中できない場所に何年もいたら、人生がもったいない。

それはいい決断だったと思う。

ひとつの場所に長くいると、次に動く勇気がなくなってしまう。

「ここにいていいのかな」と違和感が芽生えたら、それは飛ぶ合図かもしれない。

怒らない

バリ島に住んで、もう10年が過ぎた。こんなに長く住むつもりはなかったのに、ついつい長居してしまったのはわけがある。この島の人たちがゆったりのんびり、穏やかに暮らしているからだ。

そんな人たちの中で暮らすうちに、ぼくも穏やかになっていった。

人間は影響されやすいところがあって、良くも悪くも身近な人に似てくる。怒りっぽい人といたらイライラしてくるし、反対にいつも楽しそうな人といたら、自分も楽しくなってくる。気分やキャラは伝染するんだ。

信頼していた人に大金を使い込まれたショックと、どこに行っても注目される日本の暮らしに疲れていたぼくにとって、バリ島はまるで楽園のようだった。そこで暮らすうちに、疲れ果てた心と身体が少しずつ元気になっていった。

ゆったりのんびり暮らしているバリ島の人は、滅多なことでは怒らない。みんな時間にルーズで、待ち合わせに2、3時間遅れる人もいるけど、それでもめたりすることもない。

そんなバリ島で、ぼくも怒らない人になっていった。

ぼくにはユウちゃんという、サーファー向けのコテージを経営する親友がいる。

ふたりで日本食レストランでランチをしたとき、ちょっとした〝事件〟が起きた。

店員さんは、みんなバリの人。

ぼくはこの日はざるそばと冷や奴を注文。ユウちゃんは「チキンカツ丼」を頼んだ。

そしてしばらくして、ユウちゃんの目の前にはふたつのお皿が……。

ひとつはチキンカツが乗ったお皿。そしてもうひとつは素うどん。

そう！「チキンカツとうどん」が来たんだ！

「チキンカツ丼」を、「チキンカツ・うどん」と聞き間違えるのはバリ島ならではの〝事件〟だね。

あのときのユウちゃんの反応、はっきり言って感動したな。

ユウちゃんは、まるで何事もなかったかのように、ただ平然と食べはじめたんだ。全然怒らない。怒るどころか、「これは読めなかったなあ……」と感心して笑っている。

さすがユウちゃん、バリ島暮らしが30年にもなると、ちょっとやそっとのことでは動じない。それどころか、アクシデントを楽しむ余裕があるんだ。


頼んだものとは違う料理が出てきた。こんなとき、みんなはどうする？

日本だったら怒る人もいるだろうし、怒らなくてもやり直しさせる人は多いと思う。

でも、ユウちゃんがそうだったように、バリ島の人たちは怒らず間違いを受け入れる。

それをネタに、ワイワイと盛り上がったりすることもある。

そんな場面をバリ島でたくさん見て、ぼくはいいなあと思った。

つまらないことで怒っていたら、ストレスがたまって人生が楽しめなくなってしまう。

それなら、ジョークに変えて笑い飛ばしたほうが元気になるもんね。

バリ島に住んで、いちばんよかったのは怒らなくなったこと。

ちょっとしたトラブルに遭遇しても、自然と笑ってしまう。おかげで人生がとても豊かになった気がする。

悩まない、グチらない

「怒らない」に加えて、ぼくにはもうふたつ、やらないように心がけていることがある。
それは「悩まない」「グチらない」ということ。

バリ島に住んでいるぼくは、最近では積極的に日本の野球やニュースも見るようにしている。でも、スマホを見ていると、いじめや虐待といった悲しいニュースが目に飛び込んでくる。

こういうのをちょくちょく目にしていると、「どうしてこんな悲しいことが起きるんだ」と悩ましくなってきて、やがて腹が立ってくる。

だからぼくは、こうした悲しいニュースをあえて見ないで悩まないようにしている。バリ島に暮らすようになって、怒りはなにも生みださないということを学んだからだ。

ぼくがイライラしていたら、まわりの人たちもイライラしてしまうだろう。なにもいいことはない。

バリ島は年中暑いところで、外出するとすぐに全身から汗が噴きだしてくる。

こういうとき、人は無意識のうちに「暑い暑い」と言いだしたりする。室内で暑いと言ったらクーラーをつけられるけど、外で暑いって言ってもどうにもならないでしょ。ぼくはどうにもならないことは言わない。

自分ではどうにもできないことをグチっていると、マイナス思考が染みついてしまう。怒らない、悩まない、グチらない。

こうした3つの「ない」を自然と身につけたぼくは、その反動からか、怒る人、悩む人、グチる人と一緒にいると、その言動が気になるようになってしまった。グチっぽい人に「グチるな！」と怒ると、さらなる悪循環に陥るので、悲しいニュースと同じで、距離をとるようにしている。それは自分らしくいるための、ちょっとした工夫なのだろう。

ただ最近は、そういうマイナス思考の人にもあまり会わないようになった。

それはぼくが怒らない、悩まない、グチらないを実践しているからだと思う。いい空気を出していると、気の合う仲間が集まってくるんだ。

ポジティブになろうと思わない

ぼくはとてもポジティブに見えるらしく、インスタのフォロワーのみんなにも、

「ツーさんは、どうしていつもポジティブなんですか？」

なんてメッセージをしょっちゅうもらう。

でも正直なところ、ぼくはポジティブにしている自覚はないし、意識もない。ただ、生きたいように生きているだけ。

「ポジティブに生きたい！」

そう思うってことは、すでにネガティブな感情があるということだよね。

だから意識して、ポジティブな自分をつくろうとする人は少なくない。自己啓発のセミナーや本でも、そうした発想の転換をすすめるものが多い。

ほらほら、スポーツでよく言われる「ピンチはチャンス」という言葉がそう。

野球であれば、1－0で迎えた終盤の満塁のピンチで、このフレーズが使われたりする。

「いまは大ピンチだけど、これを抑えたら流れがこっちに来る」というニュアンス。発想を変えて、ネガティブな状況をポジティブに捉えるわけだ。

ぼくは、こういう考え方はしない。仮にこういう場面を迎えても「ピンチはチャンス。これをしのげば、流れがふたたび来る！」なんて考えない。

「じゃあ、どう考えるの？」と聞かれたらこう答える。

「よーし！　ここでファインプレーしたら目立つぞ！」

それだけ。ピンチをチャンスに、じゃなくて、チャンスにしか思えないんだ。チャンスというより、その場にいるのが楽しいって感じかな。

メジャー1年目の終盤、四番で活躍しはじめたとき、当時、ダイヤモンドバックスにいたカート・シリングというピッチャーが投げた159キロのボールが、バッターボックスに立つぼくの右手の拳の中指をかすった。

そのときは集中していたから痛みはあまり感じなかったけど、その中指は骨折していたいたことが後でわかった。

もちろんコーチにも誰にも「中指が折れた」なんて言わない。

だって、せっかくの四番のスタメンが外されちゃうでしょ。

試合直後、「これは折れてるな」と思ったから、ここで考えたのは「さぁー、次からどうやって投げようかな?」ということだけ。

すぐに、中指を使わないで「人差し指と薬指」で投げる練習をしたんだ。センターからホームに投げるイメージで。

そうしたら問題なくできそうだったから、コツを覚え、痛み止めを飲んで試合に出続けた。

要するにぼくは、「ネガティブからポジティブに」という発想の転換をしていない。

みんなが「ピンチをチャンスに」と考えているときに、ぼくは「おもしろいな、楽しいな」なんて思っているんだ。ピュアというか能天気というか……。でもこれが、ありのままのぼくなんだ。

だって、いつも「この状況をポジティブに捉えるぞ!」と頑張っていたら疲れちゃうよ。疲れていたら、いい動きができないもんね。

グラウンドでも同じこと。

身体に力が入りすぎていると、伸びる球が投げられない。飛んできたボールをキャッチするときも、力を抜いて捕ることが大事。

だから、無理してポジティブになろうとする必要はないと思うんだ。

みんなはどう思う?

落ち込むのは30分だけ

人生いろいろ。野球もいろいろ。成功することもあれば、失敗するときもある。

もちろん、ぼくだってそう。「チャンスは三度の飯より大好き」だから、いいところで活躍したイメージが強いかもしれないけど、そもそもバッティングは打てないことが当たり前。だからチャンスに凡退したことなんて、数えきれないほどある。


大事なときに失敗したら、どうするか。

ぼくには、そうしたときのルールがあった。

ベンチに帰って壁を叩いたり、ベンチ裏で「うわー！」と大声を出して存分に悔しがる。人目もはばからず、子どもみたいに悔しがるんだ。

思いっ切り悔しがるのは、その場で悔しい気持ちをすべて発散するため。そうすれば失敗の悔しさやモヤモヤした気持ちは尾を引かない。

大事な試合の絶好のチャンスに凡退したようなときは、

「どうして、あんなボールに手を出したんだろう……」

「どうして、ど真ん中を見逃してしまったんだろう……」

悔しさを噛みしめて噛みしめて……。

長くても30分以内で、悔しい気持ちを完全に消化するようにしていた。


失敗したら、その場で悔しさを発散して、はい終わり。

そうしていたのは、もちろん失敗を引きずらないため。クヨクヨした気持ちを、あとに残すのは絶対によくない。変えられない過去の失敗のせいで、未来まで悪くなってしまったら元も子もないからね。

日本人は真面目だから反省するのが好きだけど、反省しすぎて後悔まで引きずっている人は少なくない。それってよくないよ。他人の目なんて気にせず、思い切り悔しがろう。そこから、次の成功が生まれるんだ。

自分の長所にフォーカスする

人にはそれぞれものの見方があって、同じものを見ても人によって印象は変わる。

ぼくにも、ぼくなりの見方がある。

それは誰かに会ったとき、その人のいいところにフォーカスするということ。

人には誰でも長所と短所があるけど、ぼくはできるだけ長所を見ようとするんだ。

意識してそうしてるというより、自然とそうなっている。

なぜ長所を見るかといったら、お互いに気持ちよく過ごしたいから。

短所ばかりに目が向くと、こちらの気分がネガティブになって、それは相手にも伝わってしまう。

でも反対に、「この人の笑顔はいいな」とか「話がおもしろいな」といいところを見ようとすると、その人と一緒にいることが嬉しくなってくる。そうなると互いに気持ちよく過ごせるからね。

長所を見るか、短所を見るかで、気分が全然変わってくるんだ。

長所に目を向けようよ、というのがぼくの考え。それは自己評価でも同じこと。ぼくはいつでも、自分の長所を伸ばそうとしてきた。

でも、多くの人が逆かもしれない。

「自分はなんて口下手なんだ……」

「もっと背が高かったらよかったのに……」

欠点ばかりに目が向いて、自己評価が低くなってしまう。それって、ものすごくもったいないと思う。

野球選手としてのぼくは、バッティングが安定しないという課題を抱えていた。たしかにコンスタントにヒットを打てたら嬉しいけど、ぼくはそのことを気に病んだりすることはなかった。なぜって、短所より長所を意識していたから。

「俺は世界一の外野手。センターを守らせたら、右に出るものはいない！」

そのプライドを持って、堂々とプレーしていた。多少ヒットが出なくても気にしない。

だって、ぼくみたいな守備ができる人はいないんだから。

悪いことに気をとられると、いいところまで悪くなってしまう。

それに得意なことを、もっと伸ばそうとすると、自分に自信が出てきて、気がつけば苦手なことが克服できたりする。

このぼくがそうだった。打率はいつも2割5分。お世辞にもいい数字じゃない。でも「それがどうした」と開き直っていたぼくは、「チャンスになったら絶対打ってやる！」とマックスの集中力で打席に向かい、結果を出すようになった。

打率をちょっとでも上げようと、毎試合せかせかヒットを稼ぐようなバッティングをしていたら、「チャンスに強い新庄剛志」は生まれていなかった。短所は捨てて、長所にフォーカスするうちに、短所が短所じゃなくなっていたんだ。

大事なことは、自分の長所にフォーカスすること。そうすると気持ちが前向きになって、いい自分が表現できるようになる。みんなは「苦手なことを克服するぞ」と頑張っているかもしれないけど、そんなの忘れてもいいんじゃないかな。

エピローグ

「答えより もっと大事なことは 勇気出して 自分を試すこと」

「新庄さんはいつも楽しそうでいいですね」
インスタのフォロワーのみんなは、そう言ってぼくのことをうらやましがってくれる。
それはぼくが思いついたことをすべて、しかもすぐに実行しているからだと思う。
思い立ったら、すぐにやる。
思いついたことを、すべてやる。
そう、ぼくは自分の気持ちに素直に生きているんだ。

「答えより もっと大事なことは 勇気出して 自分を試すことだ」
ぼくの行動は、本当にこの歌詞そのままなんだ。

ぼくはいままで、誰もやっていないことにたくさん挑戦して、何度も成功させてきた。阪神時代の「敬遠球のサヨナラヒット」も、そのひとつ。

なにかにチャレンジするとき、ぼくはいつも周到に計画を進める。

あのときもそうだった。ある試合で敬遠のシーンを見たぼくは、「これ、打てるんじゃないか」と思い、敬遠球を打つ練習をするようになった。それが甲子園での巨人戦で実を結んだわけだ。

プロは結果がすべてと言われる。ぼくも、その通りだと思う。だからいつも、なにかやるときは周到に準備を進めて、成功の確信をつかんでからトライしていた。

結果はとても大事。でも同時に、ぼくが心がけていたことがある。

結果にしばられちゃいけない、ということだ。結果にしばられると、心も身体も縮こまってしまう。そんなふうに生きていたら、人生がもったいない。のびのびと生きて、過程も存分に楽しまなくちゃ。その姿勢は、結果を出す近道にもなると思う。

ぼくが日本ハム時代にやったパフォーマンスだって同じさ。

ゴレンジャーのかぶりものや、天井から降りてくるパフォーマンス。あんなこと、野球選手で誰もやったことがない。

でもぼくは、思いついてしまった。「こんなのやったら、みんなびっくりするだろうな」って。でも、ほとんどの人は思いついたところでやめてしまう。

でもぼくは前例がないと、むしろやる気が出てきてやってしまう。

「やる」と決めたら、意外となんとかなるものなんだ。


日本にいたとき、前例にしばられず思ったことをすぐにやっちゃうぼくは、良くも悪くも「天然だ」「なにも考えてない」なんて言われた。

でもメジャーに行ったら、チームメイトのアメリカ人や中南米出身の選手は、みんなぼくみたいなヤツばかりだったよ。まわりの目を気にせず、言いたいことを言って、やりたいことをやる。それで失敗しても、クヨクヨしない。なんて言えばいいのかな、心の中の風通しがいいんだ。

でも、そうでしょ？　どんなにいいアイデアが浮かんでも、実行しなければ意味がない。

だからね、答えを出すことよりも大事なことは試すことなんだ。

試してみて失敗したら、それはそれ。むしろ前進かもしれないよ。

「このやり方で失敗したから、次は違うやり方で試してみよう」

そう、トライしてトライしてトライする。そうやって失敗をくり返していけば、自然と成功が近づいてくるでしょ？　だからね、失敗してもいいんだよ。失敗したら、やり直せばいいだけのこと。

みんなは「失敗したら、どう思われるだろう……」なんて思うかもしれないけど、これだって大したことない。本人が思うほど、まわりは気にしていないんだから。

ぼくはなにかアイデアを思い立つと、すぐに「こういうことをやります！」と宣言して実行に移していた。

ただぼくの場合、多くの人と違うのは、みんなの目に見えないところで入念に準備をして実行に移したところ。やるからには絶対に成功させる。そんな強い決意があるから、いつもパーフェクトな準備をする。すべての可能性を考えて、そのひとつひとつを完璧に抑えるんだ。例えばパフォーマンスを思いついたときは、大事な人にちゃんと根まわししておく、というような。

パーフェクトな準備をなくすのは、〝たられば〟をなくすため。人間、失敗すると「あれやっておけばなあ……」ってよく言うけど、そういうのはカッコ悪いからね。

でも、ここでみんなに伝えたいのは、準備よりも試すこと。思いついたらすぐに、そしてすべてやってみるんだ。

やりたいことにトライして、人生思う存分楽しむことが、いちばんの仕事なんだぜ。

その結果がどうのこうのより、大事なのはまず試してみること。

答えが出るときより、そこに向かっているときが、いちばん楽しかったりするんだから。

ブックデザイン　杉山健太郎
企画・編集　石渡真美
構成　熊﨑敬
写真　京介
現地コーディネーター　大原遊
制作協力　水谷是繁（ZE MANAGEMENT 合同会社）
校正　東京出版サービスセンター

答えよりもっと
大事なことは
勇気出して
自分を試すこと!!

人生思う存分
楽しむことが
一番の仕事なんだぜ!!

新庄剛志（しんじょう・つよし）

1972年生まれ。福岡県出身。1990年、阪神タイガース入団。1993年、セ・リーグのベストナイン、ゴールデングラブ賞を初受賞。その後、ゴールデングラブ賞10回受賞。1995年、シーズンオフに突然、現役引退を宣言し、のちに撤回。1999年、首位攻防の巨人戦、12回同点1死1・3塁の攻撃で敬遠球を打ってサヨナラ安打を放ち大きな話題となる。2001年、米大リーグ球団ニューヨーク・メッツに移籍し、日本人選手で初めて投手以外の野手として登録。本拠地開幕デビュー戦でホームランを打ち、また日本人初の「四番」「満塁ホームラン」など一躍ニューヨークの人気者になる。2002年、サンフランシスコ・ジャイアンツに移籍、日本人選手で初めてのワールドシリーズ出場を果たす。2003年、メッツに復帰。2004年、日本球界に復帰し、北海道日本ハムファイターズに入団。試合前のパフォーマンスが「新庄劇場」と呼ばれて好評を博し、北海道に移転直後の日本ハム人気を盛り上げる。2006年、シリーズ開幕直後に引退宣言。日本ハムを日本シリーズ優勝に導く。2010年、インドネシア・バリ島に移住を決意するのとほぼ同時期に、自身が約20億円の横領詐欺被害を受けていた事実を知る。2019年11月、プロ野球選手として現役復帰を目指すことを宣言する。著書に『わいたこら。』（学研プラス）など。

もう一度、プロ野球選手になる。

2020年6月15日　第1刷発行

著　者　新庄剛志

発行者　千葉 均
編　集　村上峻亮
発行所　株式会社ポプラ社
〒102-8519　東京都千代田区麹町4-2-6
電話 03-5877-8109（営業）　03-5877-8112（編集）
一般書事業局ホームページ　www.webasta.jp
印刷・製本　中央精版印刷株式会社

N.D.C. 783/239P/19cm　ISBN978-4-591-16664-2

P8008284